준비된 선교사

선교 리더십 23가지 키워드

모든 인간은 하나님의 형상을 닮은 존엄한 존재입니다. 전 세계의 모든 사람들은 인종, 민족, 피부색, 문화, 언어에 관계없이 존귀합니다. 예영커뮤니케이션은 이러한 정신에 근거해 모든 인간이 존귀한 삶을 사는 데 필요한 지식과 문화를 예수 그리스도의 사랑으로 보급함으로써 우리가 속한 사회에 기여하고자 합니다.

예영세계선교신서 10

준비된 선교사

초판 1쇄 찍은 날 · 2009년 10월 5일 | 초판 1쇄 펴낸 날 · 2009년 10월 10일
옮긴이 · 황규복 | 펴낸이 · 김승태
등록번호 · 제2-1349호(1992. 3. 31.) | 펴낸 곳 · 예영커뮤니케이션
주소 · (136-825) 서울 성북구 성북1동 179-56 | 홈페이지 www.jeyoung.com
출판사업부 · T. (02)766-8931 F. (02)766-8934 e-mail: edit1@jeyoung.com
출판유통사업부 · T. (02)766-7912 F. (02)766-8934 e-mail: sales@jeyoung.com

copyright ⓒ 2009, 황규복

ISBN 978-89-8350-533-0(03230)

값 8,000원

준비된 선교사

선교 리더십 23가지 키워드

차례

서문

한국은 경제 성장만큼 세계선교에도 눈부신 발전을 이루었습니다. 고난과 역경을 두려워하지 않고 하나님께서 주시는 비전을 따라 세계 곳곳에서 살아 있는 복음을 뿌리며 열매를 거두고 있습니다. 한국 선교사들이 가는 곳마다 열매가 맺히고 열정적인 기도와 예배가 드려지고 있습니다. 한국 선교사들의 눈물과 수고는 척박한 미전도 지역에서 빛을 발하고 있습니다. 그러나 한국 선교사의 사역은 다른 선교사들과 함께 협력하며 이루어졌다기보다는 '독불 장군' 스타일로 이루어졌다고 해도 과언이 아닐 것입니다. 한국 사람들의 열정은 놀라운 일들을 만들어 냈지만 협력하는 것에는 익숙하지 못한 것이 사실입니다. 특별히 다른 나라 선교사들과 협력하는 데는 거의 관심이 없다는 생각이 듭니다. 미래 선교가 지향하는 방향 중의 하나는 협력 선교가 될 것이라고 생각합니다. 선교해야 할 지역은 많이 남아 있고 선교사들의 숫자는 상대적으로 매우 부족합니다. 예수님께서 마태복음 28장 18-20절에 부탁하신 지상명령을 이루기 위해서는 온 힘을 다해 서로 협력하며 선교에 전력을 다해 나가야 합니다. 그런데 한국 선교사들은 다른 나라 선교사들과 협력하는 데는 준비가 미흡한 것 같습니다. 무엇보다도 그들에 대한 이해가 부족하다는 생각이 들고 더 큰 문제는 한국 선교사 스스로에 대한 이해, 다른 말로 한국인의 특수한 성향에 대한 이해가 부족하다는 생각이 듭니다. 물론 세계선교를 한국인 선교사들만으로 충분히 감당할 수 있다면 다른 나라 선교사들을 이해하려는 노력이나 협력하려는 노력은 어쩌면 불필요한 일인지도 모릅니다. 그러나 세계선교는 우리 나라 선교사들만으로 이루어질 수 없는 큰 사명입니다. 세계선교는 다른 나라 선교사들과 조화를 이루며 달려가야 할 일입니다. 그렇기 때문에 우리는 그들과 협력하려는 노력을 해야 합니다.

선교의 경험이 쌓이고 연륜이 생기면 반드시 찾아오는 것이 바로 리더십의 역할입니다. 한국의 선교 역사는 서양의 역사에 비해 짧지만 언젠가는 세계선교의 현장에서 리더십을 발휘하는 위치에 서게 될 것입니다. 그렇다면 현재 우리는 리더십을 발휘할 만한 위치에 서 있으며 리더십을 계발하고 있는지 스스로 자문해 볼 필요가 있습니다. 한국 사역자들만 이끄는 것이 아니라 문화 배경, 성장 과정, 언어가 다른 세계 각국의 선교사들을 이끌 수 있는 지도력 계발이 필요합니다. 서양의 리더십은 세계 어디를 가든지 통용이 됩니다. 그러나 한국적 리더십은 아직까지는 통용된다고 말하기 어려울 것 같습니다. 한국 선교는 가르쳐야 할 것보다는 배워야 할 것이 훨씬 많다고 생각합니다. 물론 서양식 선교 방식에 문제가 없는 것은 아니지만 겸손한 자세로 배워야 하는 시기가 바로 지금이라고 생각합니다. 한국 선교가 지금부터 잘 준비된다면 미래 세계선교에 엄청난 리더십을 발휘하게 될 것입니다.

1

지위적 리더십
기능적 리더십

한국의 지도자상과 서양, 특히 북미의 지도
자상은 매우 다릅니다. 이 지도자상 때문에
한국 선교사가 다국적 선교사를 이끄는 리
더로 세워졌을 때 어려움이 발생합니다. 한
국인이 생각하는 지도자는 지위(position)입
니다. 북미인이 생각하는 지도자는 기능
(function)입니다.

지위적 리더십, 기능적 리더십

한국의 지도자상과 서양, 특히 북미의 지도자상은 매우 다릅니다. 이 지도자상 때문에 한국 선교사가 다국적 선교사를 이끄는 리더로 세워졌을 때 어려움이 발생합니다. 한국인이 생각하는 지도자는 지위(position)[1]입니다. 북미인이 생각하는 지도자는 기능(function)[2]입니다.

한국인이 생각하는 지위 의식은 한 조직의 아버지로서 할 일을 해야 한다고 생각하게끔 만들고 보스가 가진 행동을 해야 한다고 생각하게끔 만듭니다. 그래서 지위적 리더는 팀원들의 매우 사적인 일까지 관여를 합니다. '김치 담그는 일', '시집가고 장가가는 일' 등등의 영역까지 관여하고 리더는 이것이 관심이고 배려고 '챙기는 일'이라고 생각합니다. 한국적 리더는 다분히 '지위적인 리더'입니다. 그런데 다국적 사역자들과 사역할 때 지위적 리더십은 마찰을 일으킬 가

---

1) [명사] 1. 개인의 사회적 신분에 따르는 위치나 자리. 2. 어떤 사물이 차지하는 자리나 위치. 출처: 네이버 한글사전
2) [명사] 1. 하는 구실이나 작용. 2. 권한이나 직책, 능력 따위에 따라 일정한 분야에서 하는 역할과 작용. 출처: 네이버 한글 사전

능성이 많이 있습니다. 개인주의 성향이 어린 시절부터 몸에 익은 외국 선교사들에게는 불편하기 때문입니다. 공과 사가 분명히 나누어진 사회에서 살아왔던 사람들에게는 더욱 그러합니다. 또한 나이 어린 후배나 동년배 한국 사역자가 자신이 속한 팀의 리더가 될 수 있는데 그렇게 되면 팀원으로 남아 있는 한국 선교사는 받아들이기가 매우 힘들어집니다. 이규태 논설위원은 이렇게 후배들이나 동년배가 상급자가 되는 것을 받아들이기 힘들어하는 이유를 '질투'라고 말합니다.

> "한국의 직장은 전통적인 연공서열주의에서 기능주의로 변모해 가는 과정에 있기에, 즉 구체제에서 신체제로 옮겨 가는 과정이기에 이 질투가 팽배해 가고 있다. 연공서열이 무시되었을 때 탈락자는 질투를 하게 되고, 그 질투는 오셀로식 구렁텅이 속으로 자신을 자꾸 몰아간다."[3]

하지만 선교지에서는 나이와 상관없이 지위가 오를 수도 있고 내려갈 수도 있는 것이 현장 상황입니다. 아무튼 나이가 어리거나 동년배의 한국 선교사가 자신이 속한 팀의 리더로 부임하면 힘들 수밖에 없습니다. 그 이유는 한국인이 생각하는 리더십은 '지위적 리더십'이기 때문입니다. 리더는 사생활까지 관여를 하며 관심을 표시해야 하고 팀원은 그러한 리더의 관심, 즉 아버지가 자녀에게 하는 듯한 배려를 받아야 하는데 받아들이기가 정말 고통스럽습니다. 어쩌면 팀을 떠나는 것이 이러한 문제를 극복할 수 있는 유일한 길인지도 모릅니

---

3) 이규태, 「한국인의 의식구조 1」, 신원문화사, 1983, p53.

다. 팀을 떠나 자신이 리더가 될 수 있는 새로운 사역지를 만드는 것입니다. 하지만 이런 방법은 건강한 방법이 아닙니다. 지위적 리더십 환경에서 생성될 수밖에 없는 것이 체면과 눈치입니다. 최준식은 다음과 같이 설명합니다.

> 윗사람은 체면을, 아랫사람은 눈치를 - 집단주의 감정
> 그 다음에 보고 싶은 태도는 체면과 눈치이다. 이 두 태도 역시 한국인들의 전형적인 태도인데 이 역시 집단주의로 설명될 수 있다. 특히 눈치는 그대로 전형적인 집단주의 문화의 산물이다. (중략) 집단주의 사회에서는 앞에서도 누누이 밝힌 것처럼 자기 감정을 있는 그대로 드러내지 못한다. 항상 상대방이 어떻게 생각하는가를 염두에 두어야 한다. 그러니 속마음과 겉마음이 다르게 된다. (중략) 집단주의 사회에서는 항상 남을 의식해야 한다. 남이 어떻게 생각하는지 빨리 알아채서 거기에 어느 정도라도 맞추어야 한다. 그렇지 않으면 금새 그 집단에서 소외되고 만다.[4]

지위적 리더십 환경에서는 리더는 체면을 차리려고 하고 팀원이든 누구든 체면을 깎는 행동에 대해서는 매우 불쾌하게 생각합니다. 또한 팀원들이 눈치껏 알아서 해 주길 원합니다. 지위적 리더는 팀원이 맡겨진 일을 잘 감당할 수 있도록 돕기보다는 팀원이 알아서 눈치껏 해 주길 원하고 만약 눈치껏 하지 못했을 때는 능력이 없다고 평가하기 쉽습니다. 그러나 선교지 현장에서는 지위적 리더십으로 다국적

---

4) 최준식, 「한국인에게 문화는 있는가」, ㈜사계절 출판사, 1997, pp132-133.

선교사 팀을 이끌어 갈 수 없습니다.

한편 서양인이 생각하는 리더십은 '기능적 리더십'입니다. 리더는 리더의 역할을 하고 팀원은 팀원의 역할을 하는 역할이 다를 뿐입니다. 상하 관계라는 의식이 아니라 역할이 다르다는 의식입니다. 이러한 상황에서 일하는 것은 매우 바람직하다고 생각합니다. 팀 리더는 사역을 이끌어 가는 리더일 뿐이지 가정생활이나, 부부생활, 자녀교육 등등 사생활까지 관여할 수 있는 리더는 아닙니다. 단지 조언자는 될 수 있을 것이라고 생각합니다. 서양인들은 공과 사가 분명합니다. 그들이 이러한 습성을 익힐 수 있게 된 것에 대해 폴 히버트 박사는 서양인들, 북미인들이 가지고 있는 '양극적 사고' 때문이라고 설명합니다.

많은 북미 사람들은 다른 나라들이 미국이나 소련 중의 어느 한 편인 것으로 믿고 있다. 자기들의 갈 길을 가며 양쪽과 다 친하게 지내려는 정치적 중립국을 허용하지 않으려고 한다. 또 일과 놀이 사이를 예리하게 구분 짓는다. 일은 곧 생업을 말하며 그들은 일터에서 사장에게 복종하고 바쁘게 움직여야 한다. 한편, 놀이는 휴식과 사람들이 기뻐하는 것을 하도록 즐거움을 위한 시간이다. 북미 사람들은 일에 상당한 강조점을 둔다. (중략) 또 다른 북미인의 이원론은 공적인 것과 사적인 것의 구분이다. 우리는 공적으로 사업과 정치와 종교 활동을 한다. 여기서 우리는 사회의 규범을 확인하고 최선의 행동을 하도록 기대된다. 그 반대로 우리의 가정은 우리가 하고 싶은 대로 표현할 수 있는 개인적인 피난처이다. 최근까지만 해도, 남자들이 어려운 일을 끝마치고 돌아온 후에 쉴 수 있는 장소를 갖도록 사적인 영역을 유지할 책

임이 있었다.[5]

다국적 선교사들과 사역하는 팀 사역의 리더는 '지위적 리더'가 아니라 '기능적 리더'이기 때문에 권위만 가지고 팀을 이끌 수는 없습니다.

'기능적 리더십'에서는 리더나 팀원들 모두 역할이 다를 뿐이라고 생각하고 스스로 동등한 목소리를 낼 수 있다고 생각합니다. 그렇기 때문에 일을 추진해 가는 데 의문사항이나 궁금한 것이 있으면 수없이 질문을 쏟아 냅니다. 지위적 리더는 권위로 일하기 때문에 팀원들의 세세한 질문에 일일이 대답할 필요가 없고 혹 질문들이 있다면 모든 답을 자신이 알고 있어야 하며 대답을 할 수 있어야 한다는 강박관념에 사로잡히게 됩니다. 왜냐하면 그 팀의 리더이기 때문입니다. 그러나 이런 식의 리더십을 다국적 팀에서 발휘하려 한다면 오래 되지 않아 방출될 것입니다. 하지만 기능적 리더십은 팀원들의 세세한 질문까지 대답을 해 줍니다. 혹 리더가 적당한 답이 없다고 하더라도 당황해 하지 않습니다. 함께 답을 찾아가고 만들어 가면 되기 때문입니다. 이러한 광경을 많이 경험했습니다. 리더가 다 알고 있는 것처럼 허세를 부리지 않고 모르는 것은 모른다고 하고 "여러분은 어떻게 생각하십니까?" 하고 묻습니다. 그리고 의견을 듣고 통합하고 방향을 제시합니다. 기능적 리더십 아래서는 일방적인 지시 형태가 아니라 상하좌우 원활한 소통을 근거로 하는 역동적인 사역이 가능합니다.

기능적 리더가 되기 위해서는 준비가 필요합니다. 가장 바람직한

5) 폴 히버트, 김동화 외 3명 옮김, 「선교와 문화 인류학」, 죠이선교회출판부, 1996, pp167-168.

것은 가능하면 어렸을 때 이런 환경을 경험해 보는 것이 좋다고 생각합니다. 체험보다 더 좋은 교육은 없습니다.

기능적 리더십	지위적 리더십
리더십은 역할이다.	리더십은 지위이다.
팀원들이 수많은 질문들을 쏟아 낸다.	팀원들은 질문을 마음에 묻어 둔다.
질문들에 대해 대답하고 토론한다.	질문에 대해 변호한다.
토론에 매우 능하다.	토론보다는 명령 하달에 능하다.
팀원들과 함께 만들어 가는 사역을 한다.	리더의 비전에 복종하며 따라간다.
사역과 사생활의 분리가 명확하다.	사역과 사생활의 분리가 불명확하다.
공로를 다 함께 나눌 가능성이 많다.	공로를 리더에게 돌릴 가능성이 많다.
체면과 눈치는 생소한 개념이다.	체면을 중시, 팀원이 눈치껏 해 주길 바란다.

2

외국어 구사 능력

물론 영어와 더불어 익혀야 하는 중요한
또 다른 언어는 바로 현지 언어입니다. 하
지만 선교사는 기본적으로 영어를 잘 구사
할 수 있어야 합니다. 비영어권 선교지라
하더라도 영어는 매우 중요한 의사소통의
도구가 됩니다. 특별히 다문화권 선교사들
과 사역을 하게 되면 영어의 중요성은 더
욱더 커집니다.

외국어 구사 능력

아시아권 선교사들이 한국 선교사들에 대해 말하는 것을 들은 적이 있는데, 한국 사람들 특징이 몇 가지 있다고 합니다. 첫째, 기도가 뜨겁다. 둘째, 전도의 열정이 있다. 셋째, 하나님을 뜨겁게 사랑한다. 그리고 한 가지 덧붙인 것은 '영어를 못한다.' 였습니다. 아시아권 사역자들과 비교해 보면 한국인들은 객관적으로 영어 구사 능력이 떨어지는 것이 사실입니다.[6] 홍콩 사역자들은 기본적으로 영어를 듣는 것에 문제가 없고 독해도 잘합니다. 물론, 회화도 큰 문제가 없습니다. 싱가포르는 두말할 필요가 없습니다. Q국 사역자들도 영어를 잘하는 편이고, 말레이시아인도 영어를 아주 잘합니다. 인도 역시 두말할 필요가 없습니다. 유독 한국 사역자들이 영어로 인해서 늘 어려움을 겪습니다. 이런 상태로 계속 나가다가는 한국 사역자들은 리더십의 자

---

6) 한삼희, [만물상] '영어꼴찌' 대한민국 "한국 사람이 그래도 저 나라보다야 우리 영어가 낮지 않느냐고 위안 삼는 나라가 일본이다. 그런데 영국의 이민영어 인증시험(IELTS)에서 한국인 점수가 20개 나라 가운데 19위, 일본은 16위를 했다. 말레이시아(3위), 인도네시아(5위), 필리핀(7위) 중국(13위) 등 아시아 국가들이 모두 한국보다 성적이 위였다. 한국보다 못한 나라는 아랍에미리트뿐이었다니 세계에서 사실상 꼴찌권에 든 것이나 다름없다." 조선일보, 2008. 06. 04 22:16

리에서 점점 멀어지게 될 것입니다. 그러므로 반드시 영어를 해야만 합니다.

서구권이나 영어를 사용하는 나라에서 온 선교사들은 몇 년만 사역을 배우면 선교지에서 리더십을 마음껏 발휘할 수 있는 위치에 서게 됩니다. 그러나 한국 사역자들에겐 그 몇 배의 노력이 필요합니다.

또한 거의 모든 자료들은 영어로 기록되어 있습니다. 따라서 선교에 관련된 수많은 자료, 즉 정보를 습득하는 데 영어는 거의 절대적인 힘을 가지고 있다 해도 과언이 아닐 것입니다. 다국적 팀의 선교사들과 함께 세미나에 참석하면 중요하고 새로운 수많은 정보들을 얻을 수 있습니다. 그러나 문제는 이러한 자료를 읽어 내는 것도 한국 선교사들에겐 벅차다는 것입니다. 영어 단어가 이해는 되도 개념은 이해되지 않는 것들이 많이 있습니다. 서양 선교사들은 무엇인가 심각하게 회의를 하고 격론을 하지만 한국 선교사들이 그들과 함께 공감하기까지는 시간이 참 많이 걸립니다.

물론 영어와 더불어 익혀야 하는 중요한 또 다른 언어는 바로 현지 언어입니다. 하지만 선교사는 기본적으로 영어를 잘 구사할 수 있어야 합니다. 비영어권 선교지라 하더라도 영어는 매우 중요한 의사소통의 도구가 됩니다. 특별히 다문화권 선교사들과 사역을 하게 되면 영어의 중요성은 더욱더 커집니다.

사실 많은 경우 한국 선교사들이 국제 회의나 세미나에서 '꿔다 놓은 보릿자루' 처럼 앉아 있는 이유는 바로 영어 때문입니다. 영어만 잘할 수 있다면 적극적으로 회의에 참여하고 토론에도 참여하고 싶지만 영어의 장벽으로 그저 앉아만 있는 경우가 많습니다. 한국에서 능력 있게 사역했던 선교사도 국제적인 모임에서는 자신이 가지고 있는 경험과 노하우를 전달할 수 없는 처지가 됩니다. 반면에 미국 선교사들이나 서양의 선교사들은 선교지에 나오기 전 모국에서 사역했던 경험을 아주 풍성하게 나누며 모임을 이끌어 갑니다

영어는 한국 선교사들이 세계적인 리더로 성장하는 데 장애가 되는 가장 큰 걸림돌임에 틀림없습니다. '큰 지도자', '역량 있는 국제적인 지도자', '다국적 팀을 우수하게 이끌 수 있는 지도자'가 되기 위해서는 영어를 잘해야만 합니다.

Q국 사역을 시작한 1995년 즈음에만 하더라도 제가 속해 있던 다국적 팀의 리더이던 싱가포르 목사님은 한국 선교사들에게 영어와 컴퓨터를 강조했습니다. 장교 출신인 목사님은 아주 강경한 어조로 질책하시듯이 한국 선교사들을 몰아쳤습니다. 몇 년 후 한국 선교사들의 컴퓨터 수준은 상당히 진전이 되었습니다. 선교지에서 필요로 하는 컴퓨터 실력이란, 소프트웨어를 잘 다루는 실력이라고 생각합니다. 무엇보다도 선교지의 특수한 상황에 맞추어 개발되거나 사용되고 있는 '보안'에 관련된 소프트웨어는 배우는 데 적지 않은 시간이 필요합니다. 물론 모든 과정은 영어 버전으로 이루어져 있습니다. 아무튼 컴퓨터 실력은 어느 정도에 이르러 다른 나라 선교사들과 사역하는 데 어려움이 없을 정도가 되었지만 영어는 진보가 더딘 것을 보게 됩니다.

그런데 영어보다 더 중요한 것은 국제적인 감각을 익히는 것입니다. 국제적인 감각을 익히면서 영어를 배우는 것이 가장 이상적이라고 생각합니다. 국제적인 감각을 익힌다는 것은 어쩌면 영어를 익히는 것보다 더 많은 수고와 인내 그리고 실수와 절망이 뒤따르는 과정이 될 것입니다.

그럼에도 불구하고 특이할 만한 사실은 하나님께서는 영어가 잘 안 되고 국제적인 감각이 부족해도 한국 사람을 선교에 사용하고 계시다는 것입니다. 한국세계정보협의회에서 제공한 자료에 의하면 한국 선교사 파송 현황은 아래와 같습니다.

2004년-2007년 선교사 수 비교[7]

구 분	2004년	2005년	증감	2006년	증감	2007년	증감
전체 선교사 수	12,159	14,086	1,927	16,616	2,530	18,625	2,009
이중소속	파악 안 됨	1,536		1,984		1,856	
실(實) 선교사 수	12,159	*13,318	1,159	*14,896	1,578	*17,697	2,801

위의 통계를 보면 하나님께서 얼마나 귀하게 한국을 사용하고 계신지를 볼 수 있습니다. 하지만 이러한 숫자상의 규모가 그에 걸맞게 세계선교에 얼마나 큰 영향력을 미치고 있는지는 미지수라고 생각합니다. 한국선교가 더욱더 세계선교에 영향력을 끼치기 위해서는 국제적인 선교 마인드와 함께 다국적 선교사들과 건강한 의사소통을 할 수 있는 언어의 준비가 필요하다고 생각합니다.

그리고 한 가지 놓칠 수 없는 사실은 한국 선교사는 영어를 제외한 언어 특히 아시아권 언어를 비교적 빠르게 익힌다는 것입니다. 제가

----

7) 한국세계선교협의회, 선교정보, 2008년 1월 21일.
　　주1) 2005년 13,318명은 이중소속 선교사 수(2/1,538)를 제외한 수.
　　주2) 2006년 14,896명은 이중소속 선교사 수(2/1,984)와 순복음선교회 728명(미국,캐나다)을 제외한 수
　　주3) 2007년 17,697명은 이중소속 선교사 수(2/1,856)와 기독교대한감리회본부선교국 782명(미국), 순복음선교회 728명(미국, 캐나다)을 제외한 수
　　주4) 기독교 하나님의 성회 총회 선교국은 2006년 통계로 교단 통합 후 정확한 숫자가 파악되지 않아 훨씬 많을 것으로 예상

사역했던 Q국에서도 단기간에 놀라울 정도의 언어 성장을 이루는 것을 보았습니다. Q국에 온 지 3개월 만에 Q국 언어로 설교를 하는 사역자를 보았고 3개월 만에 성경공부를 인도하는 젊은 선교사들도 보았습니다. 이 강점을 잘 살려 국제적 마인드를 가진 선교사들로 성장해 가길 원합니다.

3

한국 사람의 연장자 의식

어떤 일을 맡길 때 전통적인 한국문화에서
는 '누가 그 일을 맡을 만한 나이가 되었는
가?'에 관심을 두고 미국인을 비롯한 북미
인들은 '누가 그 일을 잘 할 수 있을 것인
가?'에 관심을 갖습니다.

3

한국 사람의 연장자 의식

한국 문화에서는 연장자를 세워 주어야 합니다. 다른 말로 서열의
식이 강하다는 것입니다.

이규태 조선일보 논설위원은 다음과 같이 한국인의 서열의식을 설
명하고 있습니다.

> 서열은 바로 한국인의 존재 방식이며, 서열에서의 이탈은 바로
> 한국 사회로부터 파문을 뜻하였기 때문이다. 이 서열의식은 법이
> 나 규칙 없이도 한국 사회의 질서를 유지해 온 원동력이요, 또
> 사회학자 막스 베버가 혀를 내둘렀던 한국인의 '고단위 모럴'의
> 핵심이었다. 이 성난 향유들은 이 서열의식에의 집념으로 옛 선
> 비들처럼 돗자리와 도끼를 들고 상경, 지부 상소를 시도할지도
> 모를 일이다.[8]

한국인은 서열을 생득적으로 중요하게 여기며 처음 만나는 사람이

8) 이규태, 「한국인의 의식구조 1」, 신원문화사, 1983, p34.

라면 어떻게 하든지 서열을 묻고 서열을 세우고 '형', '동생'을 정해야 직성이 풀리는 성향을 가지고 있습니다. 한국인은 스스로가 연장자라고 생각되면 세워 주기를 바라는 습성이 있습니다. 그러나 다국적 팀 안에서 그것을 바라기란 매우 어렵습니다. 아시아권은 비교적 서열을 인정해 주는 문화에 속하지만 중국은 다릅니다. 중국에서는 친구라는 말이 위 아래로 족히 10년 차이까지는 통하는 것 같습니다. 한국 사람들이 중국에 가면 호칭 때문에 충격을 받곤 합니다. 한참 나이 어린 사람이 친구라고 말하고 이름을 그대로 부릅니다. "누구 누구 형"이라고 하지 않고 "철수야"라는 식으로 이름을 그대로 부릅니다. 서열 의식에서 벗어나고 싶어도 문화와 피부 색이 비슷한 나라에서 선교 사역을 하다 보면 자신도 모르게 서열 의식이 살아나는 것을 보게 됩니다.

만약에 한국 팀에서 그룹별 자유 토론 시간에 어떤 한 사람을 토론의 대표로 세운다면 거의 대부분 짧은 시간 안에 가장 나이가 많거나 권위가 있다고 생각되는 사람을 대표로 세울 것입니다. 그 사람이 토의를 잘 이끌 수 있는 능력이 있는지 없는지를 확인하는 것은 차선으로 생각할 것입니다. 그러나 다국적 팀에서는 그럴 수가 없습니다. 나이는 문제가 되지 않습니다. 가장 능력이 많거나 리더십을 잘 발휘하는 사람이 대표가 되어서 그 토론 모임을 인도할 것입니다.

몇 년 전 다국적 선교사들 모임 중에 소그룹별로 주제별 토론이 이루어졌습니다. 소그룹별로 한 사람이 대표가 되어 인도해야 했는데 아무리 봐도 제가 Q국 사역 경험이 가장 많고 나이도 많아 보였습니다. 다른 사람들은 갓 왔거나 온 지 얼마 되지 않은 선교사들이었습니다. 한국적 상황이라면 제 경험이나, 나이로 봐도 그 모임을 인도해야 하겠지만 다국적 팀에서 이뤄지는 토론은 연장자를 전혀 의식하지 않았습니다. 잠깐의 시간이 지나고 토론 문화 속에서 토론의 정수를 배운 미국의 초임 선교사가 모임을 자연스럽게 인도해 나갔습니다. 이미 이런 문화가 익숙해져 있는 상태라 당황스럽지는 않았지만 '만약 한국이라면 이런 일이 가능했을까?' 라는 생각을 해 보았습니다. 만약 한국이라면 나이가 많거나, 선교 경험이 가장 많거나, 권위를 가진 사람에게 시켰을 것이고, 소그룹원들이 그룹장을 해 달라고 강경하게 부탁하면 마지 못하는 듯 모임을 인도했을 것입니다. 비슷한 경우가 몇 년 전에 또 있었습니다. 다국적 선교사들 안에서 자유 토론을 시키는데 이번에는 한국 선교사들끼리 한 팀씩 만들어서 토론을 하는 시간이었습니다. 주제는 '남자의 리더십 세우기' 였는데 아무래도 저는 자신이 없었습니다. 모두들 소그룹 대표를 세우는 것을 주저하고 있는데 몇 초 안 되는 짧은 시간에 ① 결혼한 사람, ② 나이가 가장 많은 사람, ③ Q국에서 선교 경험이 가장 많은 사람, ④ 전임 사역자 등등의 자격을 거쳐 제가 떠밀려서 모임을 인도하게 되었습니다. 극구 내가 자격자가 아니라고 거부를 했지만 대세는 이미 저에게 소그룹 대표를 해야만 한다는 강압적 분위기였습니다. 어쩔 수 없이 땀을 빼며 그 모임을 인도했습니다. 나이가 많은 사람이 경험도 많고 지혜도 많을 수 있지만 어떤 상황에서는 어린 사람이 더 탁월하게 임무를 수행할 수도 있는 일입니다. 다국적 팀에서는 나이를 그리 중요하게 여기지 않습니다.

나이가 어느 정도 있는 상황에서 선교지로 파송되고 다국적 팀에 소속되어 일하는 선교사라면 다른 선교사들이 나이 많은 자기를 세워주지 않는 것에 대해서 섭섭해 하기도 한다고 합니다. 그러나 다국적 팀 안에서는 나이가 많은 사람이 온다고 자리를 만들어 주거나 방석을 주거나 특별하게 연장자 예우를 하지 않는 경우가 대부분입니다.

하지만 타국 선교사들 중에서 한국의 서열 문화를 아는 선교사들은 가끔 한국 선교사들을 배려해 줍니다. 홍콩 선교사 J자매는 이러한 한국의 문화를 이해하고, 모임이나 회의가 끝날 때 꼭 한국 선교사 중에 나이가 가장 많은 분에게 마무리 기도를 부탁합니다.

어떤 일을 맡길 때 전통적인 한국 문화에서는 '누가 그 일을 맡을 만한 나이가 되었는가?' 에 관심을 두고 미국인을 비롯한 북미인들은 '누가 그 일을 잘 할 수 있을 것인가?' 에 관심을 갖습니다. 폴 히버트 박사는 이것이 북미인의 실용주의 세계관 때문이라고 합니다.

> "우리가 삶의 문제 해결 접근법을 취할 때, 우리는 일반적으로 몇몇 해결책을 검토하게 된다. 그 가운데서 선택할 때, 우리는 항상 진리이며 올바르냐의 문제가 아니라, 그것들 중의 어느 것이 목적을 이루는 데 적합한지를 알기를 원한다."[9]

형님, 누님

제기 사역했던 Q구에서는 형님, 누님이란 말을 잘 쓰지 않습니다. 나이가 거의 10년 차이가 나도 이름을 부르거나 친구라는 호칭을 사용합니다. 그런데 재미있는 것은 한국 선교사들을 통해서 양육된 제자들은 한국 선교사들을 부를 때 거의 어느 단체를 막론하고 "○○ 형님", "○○ 누님"이라고 부른다는 것입니다. 미국, 북미 선교사나 한

9) 폴 히버트, 김동화 외 3명 옮김, 「선교와 문화 인류학」, 죠이선교회출판, 1996, p169.

국을 제외한 아시아권에서 파송되어 온 선교사들의 제자들은 선교사들에게 "○○ 형님", "○○ 누님"이라고 부르지 않습니다. 직접 이름을 부릅니다. "존", "마이클" 이런 식으로 말입니다. 그러나 현지에 있는 한국 제자들은 "○○ 형님", "○○ 누님"이라고 한국 선교사들을 호칭합니다. 한국 선교사들이 이렇게 부르라고 직접 교육하거나 강요하는 경우는 거의 없다고 생각합니다. 그런데도 그러한 호칭을 사용합니다. 제자들은 선교사들을 통해 보고 배웁니다. 우리 한국 선교사들의 모습을 보고 배우는 것입니다. 선교지의 문화를 인정하지 못하고 한국적인 것을 암암리에 강요하는 모습입니다. 우리는 선교지에 한국의 문화를 심는 것이 아닙니다. 그러나 한국의 문화를 심는 경우가 간혹 있습니다. 호칭의 문제도 그 중의 하나일 것이며 이것은 한국의 서열 의식에서 발생한 한국적인 문화입니다. 저도 한국 사람이라 저보다 한참 나이 어린 현지인이 제 이름을 직접 부를 때 무척 기분이 나빴습니다. 그 친구는 그럴 의도가 전혀 없었지만 저는 일종의 모멸감을 느꼈습니다. 어린 사람이 예의가 무척 없다는 생각에 불쾌감도 들었습니다. 그러나 존칭을 사용하지 않고 이름을 그대로 부르는 것은 그들의 문화인 것이죠. 그대로 수용하려는 노력이 필요합니다. 제가 만났던 어떤 젊은 한국 선교사는 자신의 제자들에게 '형님'이란 호칭을 사용하지 말라고 말했습니다. 이것은 다분히 한국적인 것이고 선교지의 문화가 아니라는 확신 때문이며 선교지에 동화하려는 그의 노력이었습니다

나이

한국 사람은 나이에 매우 민감합니다. 나이와 초등학교 입학 연도,

대학교 입학 연도, 군입대, 훈련 기수, 신학교 입학 연도, 목사 안수 연도 등등에 민감합니다. 특히 나이를 중요시합니다. 한 살이라도 나이가 적은 사람은 많은 사람에게 높임말을 써야 하는 것이 일반적입니다. 높임말과 낮춤말은 매우 큰 차이가 있습니다. 반말과 존댓말이라고도 할 수 있습니다. 아무리 좋은 관계라도 평등한 의사소통이나 의견 교류가 근본적으로 어렵습니다. 최준식 교수는 『한국인에게 문화는 있는가?』에서 "나이가 많은 사람에게 결정권과 주도권, 기득권이 더 많이 주어집니다."라고 말하고 있습니다. 윗사람은 아랫사람에게 명령하고 아랫사람은 윗사람에게 일반적으로 순종해야 하는 경우가 많습니다.

초기 다국적 선교사 팀에서는 이런 현상을 찾아볼 수 없었습니다. 우리는 외국 선교사의 나이가 무척 궁금했습니다. 언제 선교사로 왔는지도 궁금하고 만약 자신과 같은 해에 선교사로 지원해서 선교지에 왔다면 '동질감', '연대감'을 느꼈습니다. 그러나 외국 선교사는 같은 해에 선교지에 왔다는 이유로 더 특별한 동질감을 느끼지는 않았습니다.

다국적 선교사 팀 사역을 하는 아시아권 선교사에게 "당신의 리더(서양인)와 오랫동안 일을 하셨는데 리더의 나이가 어떻게 됩니까?"라고 물었더니 놀랍게도 "잘 모른다."라는 대답을 하였습니다. 하지만 생일은 잘 기억해 줍니다. 다국적 팀에서도 서로의 생일은 매우 잘 축하해 주는 것을 보았습니다. 때로는 결혼 기념일도 기억을 해 주고 축하해 줍니다.

한국 사람들은 기수, 친구, 동기에 강한 유대감을 갖고 있습니다. 마음을 터놓고 이야기할 친밀한 교제권이 형성되기 때문입니다. 아무리 좋은 관계라도 나이가 많으면 친구와 같이 편한 교제를 갖기가 어렵습니다 교제 때마다 약간은 긴장을 해야 하고 격식을 차려야 합니다. 반면에 존댓말이 없는 나라에서는 좋은 친구를 만날 가능성이 한국에 비해서 훨씬 많다고 생각합니다.

같은 것 찾기

한국 사람들은 서열 의식, 집단 의식이 강하기 때문에 어떻게 하든 비슷한 점을 찾으려는 노력을 계속하는 경향이 있습니다. 저는 황씨 성을 가지고 있습니다. 선교지에서 가끔 황씨 성을 가진 한국 선교사들을 만나는데 황씨 성을 가진 선교사를 만나면 말투가 달라집니다. 매우 부드러워지고 약간의 형제애까지 느끼곤 합니다. 그런데 한번은 아시아권 선교사들 중에 황씨 성을 가진 선교사와 만났던 적이 있었습니다. 너무 반가워서 "어! 황씨세요?"라고 반갑게 말을 걸었는데 그 아시아권 선교사는 제가 '황' 씨인 것 때문에 더 반가워한다든지 친근하게 대하지는 않았습니다. 처음 선교지에 가서 이 일을 경험했을 때 조금 섭섭했던 기억이 있습니다. 우리는 부단히 같은 것을 찾으려 하는 습성이 있는 것 같습니다. 성씨, 출신, 학교, 나이 등등!

선교지에 나와 보니 이러한 것은 중요하게 취급되지 않는 것을 봅니다. 선교지에서 서양 선교사와 아시아 선교사를 묶어 주는 가장 확실한 것은 나이나, 배경 등이 아니라 우리가 '주 안에서 하나', '크리스천이다.'라는 것이며 예수 그리스도께서 우리를 구원하신 분이라는 믿음입니다. 이것이 환경이 다른 선교지에서 우리를 하나 되게 묶어 주는 것입니다.

4

사적인 영역과
남에 대한 관심

서양 사역자들은 자신의 개인적인 이야기
는 해도 좀처럼 상대방에 대해 세세한 질
문을 하지 않습니다. 상대방 개인의 권리를
보호해 주려는 그들의 습관적 행동이라고
생각합니다. 반면에 한국인들은 다른 사람
에 대해서 궁금한 것이 무척이나 많습니다.
길 가다가 아는 사람을 만났을 때 그냥 인
사만 하고 지나가는 경우가 없습니다. "어
디 다녀오세요?", "무엇 하고 오는 길인데
요?", "누구와 함께 있었어요?", "지금 어디
가는 길이세요?", "가서 무엇을 하실 계획
이신데요?", "식사는 하셨어요?", "뭘 드셨
어요?" 등등 궁금한 것이 너무 많습니다.

4

사적인 영역과 남에 대한 관심

한국인은 집단 문화 즉 '우리' 라는 틀 안에서 자라고 성장해 왔습니다. 그렇기 때문에 아기가 태어나면 부모에게만 책임이 돌아가는 것이 아니라 가족 모두가 책임져야 할 일이 됩니다. 가족 모두의 일이기 때문에 부모의 감정이나 양육에 대한 계획, 생각 등을 고려하지 않고 가족의 의견을 아기 부모에게 주입시키려는 시도들을 쉽게 하곤 합니다. 친척들도 우리 일, 즉 자신의 일이기 때문에 적극적으로 간섭을 합니다. 이는 '우리' 라는 공동체에서 살아가기 때문입니다. 서양 선교사들은 개인주의에 익숙해 있습니다. 누구든 자신의 일이나 영역에 침범하는 것을 굉장히 싫어합니다.

개인의 소유권

물질에 대한 이런 강조는 재산이 개인적으로 소유될 수 있다는 깊은 잠재의식과 연관되어 있다. 우리는 땅, 집, 자동차, 그외의 물건을 즉각 살 수 있고, 누구도 우리의 허락 없이는 그것들을 사용할 수 없다. 우리는 친척이나 이웃의 승인 없이 그것을 팔수 있다. 땅, 배, 집, 심지어 음식까지도 혈통이나 마을이나 전체 부족과 같은 큰 집단의 공동소유라는 개념과 개인소유의 개념은 많은 부분에서 첨예한 대조가 있게 된다. 공동소유는 개인이 사용할 수 있지만 사유 재산처럼 팔지는 못한다. 이러한 예로는 부족의 땅을 팔지 않기로 최근에 결정한 미국 인디언 부족의 경우이다. 이 땅을 파는 일에 조상들도, 지금 살고 있는 사람들도 반대하지 않지만, 땅을 잃으면 살 곳이 없게 될 태어나지도 않은 후손들은 반대한다고 지도자들은 말하였다. 선교사들은 흔히 재산의 공동소유권을 오해한다. 그들은 땅을 사려고 하고, 나중에 그들이 지은 집을 팔려고 한다. 많은 부족에게는 이런 것들이 항상 그 집단에 속해 있는 것이다. 또 선교사들은 마을 사람들이 자신의 물건을 마음대로 사용하거나, 창고에서 음식을 가져가는 것을 금지하게 되고, 그 사람들은 선교사를 구두쇠로 보게 되는 것이다.[10]

몇 년 전에 한국에서 국제회의를 한 적이 있습니다. 세계 곳곳에서 모인 사역자들에게 서로 교제할 수 있는 기회를 만들어 주기 위해 한 방에 다양한 국적을 가진 사역자들을 배정해 주었습니다. 처음에는 문제가 일어나지 않았지만 시간이 지나면서 외국 사역자들이 먼저 불평을 하기 시작했습니다. 문제의 발단은, 방 안에 있는 냉장고에 자신들이 사 온 음식들을 한국 사역자들이 막 먹어 버린다는 것이었습니다. 한국인이 생각할 때는 자신이 사 오지는 않았지만 '같은 크리스천이고 가족인데 먹으면 어때?' 라는 생각과 습관적인 행동으로 냉장고

10) 폴 히버트, 김동화 외 3명 옮김, 「선교와 문화 인류학」, 죠이선교회출판부, 1996, pp164-165.

의 음식을 먹은 것이고 서양 선교사들은 '어떻게 크리스천이 남의 것을 허락도 없이, 예의 없이 먹어 버릴 수 있냐.' 는 것이었습니다. 서양인들은 한국인과는 달리 개인주의가 강합니다. 그러나 이것이 잘못되었다고 할 수는 없습니다. 최소한 국제적으로 통용되는 것은 집단주의가 아니라 개인주의적인 에티켓입니다. 또한 서양의 영향을 받은 비교적 발달된 아시아 국가 선교사들도 자신들의 개인적인 영역이 침범당하는 것을 무척 싫어합니다. 공용으로 사용하는 냉장고에 자신의 이름을 물건마다 기록해 놓는 것을 보았던 적이 있습니다. 처음 이런 광경을 목격했을 때는 놀라움 그 자체였습니다. '너무 이기적인 것이 아니냐.' 라는 생각이 들었는데 생활하다 보니 '어쩌면 이것이 서로를 존중해 주는 배려일 수 있겠구나.' 라는 생각이 들었습니다.

한국에서 거리를 다니다 행동이 불량하다고 생각되는 학생들을 보게 되면 곱지 않은 시선으로 쳐다보고 가는 경우들이 있습니다. 남녀 간의 보기 민망한 애정 표현을 보면 역시 그냥 지나치지 않고 핀잔을 준다든지 독한 말을 퍼붓기도 합니다. 이것이 모두 '우리' 라는 의식에서 나올 수 있는 현상들입니다. 상대방의 이러한 행동은 곧 '우리' 의 문제라는 생각이 들기 때문입니다.

그러나 아시아권인 Q국에서는 아무리 남녀가 심한 애정 표현을 해도 그냥 지나가고 학생들이 담배를 피우고 지나가도 아무도 간섭하지 않는다고 합니다. 서양의 경우는 개인주의 경향이 강합니다. 김형인의 『미국의 정체성』에 보면 "제퍼슨은 일찍이 '종교란, 한 개인과 그의 창조주 사이에 존재하는 것으로, 거기에 정부의 권력이나 사회적 강요 같은 어떠한 형태의 압력도 끼어들어서는 안 된다.' 고 천명을 했습니다."라고 기록하고 있습니다. 미국 건국 당시에 99%가 개신교

신자들이었지만 국교로 정하지 않은 이유도 개인을 존중하는 이유였다고 그는 말하고 있습니다. 이러한 생각들이 여러 영역까지 미쳐 개인의 취향과 판단을 아주 특별히 존중해 주는 풍토가 되었습니다. 폴 히버트는 북미인의 개인주의에 대해 다음과 같이 기록하고 있습니다.

> 우리의 세계관에서 가장 근본적인 요소 중의 하나는 개인이 사회라는 건물의 기초를 이루는 벽돌 한 장이 된다는 것이다. 각 개인은 자신의 분리된 정체성을 갖고 자율적인 개인이 되어야 한다. 우리는 이것을 어려서부터 배운다. 어린 나이에도 우리는 자기 개인의 소유가 생기면, 우리 스스로 생각해서 선택하도록 가르침을 받았고 자신의 권리를 내세우는 것을 격려하였다.[11]

그런 까닭인지 서양 사역자들은 자신의 개인적인 이야기[12]는 해도 좀처럼 상대방에 대해 세세한 질문을 하지 않습니다. 상대방 개인의 권리를 보호해 주려는 그들의 습관적 행동이라고 생각합니다. 반면에 한국인들은 다른 사람에 대해서 궁금한 것이 무척이나 많습니다. 길 가다가 아는 사람을 만났을 때 그냥 인사만 하고 지나가는 경우가 없습니다. "어디 다녀오세요?", "무엇 하고 오는 길인데요?", "누구와 함께 있었어요?", "지금 어디 가는 길이세요?", "가서 무엇을 하실 계획이신데요?", "식사는 하셨어요?", "뭘 드셨어요?" 등등 궁금한 것이 너무 많습니다. 한국인인 저도 가끔은 이렇게 계속 질문하는 한국

---

11) 폴 히버트, 김동화 외 3명 옮김, 「선교와 문화 인류학」, 죠이선교회출판부, 1996, p173.
12) 서구 선교사가 처음 만나는 그룹과 나눔을 할 때 자신의 가족사진 몇 장을 돌려 보도록 하며 자신과 가족을 소개하든가, 처음 만나는 사람이라고 해도 자신을 쉽게 오픈하는 경향이 있다.

인을 만나면 부담스러워지고 다음에 또 만날 때 은근히 두려워집니다. 그런데 이런 질문 유형들은 어디서 오는 것일까요? 집단주의 문화에서 온 것입니다. '우리'이기 때문에 상대방의 일이 남의 일이 아닌 것입니다. 그래서 끊임없이 상대방에게 경찰이 심문하듯 질문을 퍼부어 대는 것입니다.

그런데 이러한 질문 유형은 다국적 팀 안에서는 그리 좋지 않습니다. 미국인들을 비롯한 서양인들은 동양에 오면 왜 그리 "식사 하셨어요?"라고 질문하는지 처음에는 의아해했다고 합니다. 이러한 질문도 의아한데 길 가다 만나서 이것 저것 끊임없이 묻는다면 아마 더 큰 문화 충격을 느낄 것입니다.

그 외에도 한국인이 알고 싶어 하는, 상대방에 대한 궁금한 점들이 여러 가지 있습니다. 가장 궁금한 것은 뭐니뭐니해도 '나이'일 것입니다. 나이가 얼마나 되는지 너무너무 궁금해합니다. 그것은 한국이 권위주의, 서열 의식이 강한 사회이기 때문입니다. 그리고 나이 든 독신 자매에게도 나이를 묻는 질문을 심심치 않게 하는 무례를 범하기도 합니다. 독신 자매에게 나이를 묻고 나면 그 다음에는 애인이 있는지? 결혼 계획은 있는지 등등에 대해 관심을 갖습니다. 결혼을 하지 않았다면 또 왜 안 했는지가 궁금해집니다. 무슨 문제가 있어서 안 했는지, 실연의 큰 상처가 있는지 알고 싶어 하는 경향이 있습니다. 결혼을 했다면 자녀가 몇 명인지, 자녀가 없다면 언제쯤 아이를 가질 것인지 등 상당히 개인적인 문제들을 만난 지 얼마 되지 않아도 묻는 경우가 자주 있습니다. 때로 이런 질문들은 동양인에게도 실례가 됩니다. 심지어 가족이 몇 명인지 묻는 것 역시 사생활의 영역이라고 생각하는 동양인도 있습니다.

서양인은 더더욱 사적인 질문을 주고받는 것에 익숙하지 않습니다. 서양 선교사들과 이야기를 나눌 때 그들이 먼저 우리 가족이 몇 명인지 묻는 경우는 거의 없었습니다. 먼저 물어봐야 그제서야 이야기를 해 주고 자신의 가족이 몇 명이라고 간단히 이야기해 주는 정도였습니다. 저의 경우에는 서양 선교사의 가족이 몇 명인지 알게 되면 그 다음에는 그 가족 한 사람 한 사람이 무엇을 하는지도 묻습니다. 크리스천이기 때문에 그들이 예수님을 믿는지도 묻습니다. 이 정도 되면 질문을 받는 서양인도 저의 가족에 대해서 구체적으로 물어볼 만한데 그냥 간단하게 묻는 정도이지 정말로 지대한 관심을 갖고 묻지는 않습니다. 세세히 물어봐 주면 최소한 저의 경우에는 '그 사역자로부터 관심을 받고 있구나.' 하는 생각을 가질 수 있을 텐데 거의 그렇게 하지 않습니다. 그들과는 반대로, 저의 경우에는 서양 사역자를 만나서 그의 가족 관계를 들을 때 기억에 남는 가족 구성원이 있었다면 다시 만났을 때 그의 안부 또한 묻습니다. 저는 이런 안부 등을 통해서 서로의 관계가 더욱 친밀해지리라고 기대를 하는데 서양인 사역자들은 꼭 그렇지 않은 것 같습니다. 제가 사역하는 팀은 아시아인이 주를 이루는 다국적 팀이었습니다. 한 사람 한 사람에 대해서 비교적 상세하게 기억을 하고 있습니다. 그의 나이, 출신 학교, 어릴 적 성장 과정, 그 외에 그의 가족 상황들도 대략적으로 알고 있어야 한다는 압력을 묵시적으로 받았습니다. 그 사람에 대한 것뿐 아니라 그 가족의 상황들을 자세히 알고 물어봐 줄 때 아시아권 사역자들의 마음이 쉽게 열리는 것을 보게 됩니다. 그런데 이러한 것을 동양인 사역자들에게는 기대할 수 있으나 서양인 사역자에게 이러한 것을 기대한다면 곧 실망하게 될 것입니다. 처음부터 기대를 하지 않는 것이 좋습니다.

한국인 사역자인 경우 팀원의 신상명세 데이터가 머리에 들어와 있어야 한다는 생각을 많이 하는 것 같습니다. 그런데 다국적 팀 리더에겐 팀원의 가족이 몇 명인지, 팀원들의 신앙 성장 과정이 어떤지에 대한 데이터가 상세하게 인식돼 있지 않습니다. 그 대신 사역에 대한 데이터는 아주 꼼꼼히 기록되어 있습니다. 사역하는 데 필요한 팀원의 강점, 약점, 계발되어야 할 부분 등등이 문서화되기도 합니다. 그렇기 때문에 서양인 리더와 일을 한다면 개인 성장은 틀림없이 눈에 띄게 발전하겠지만, 돌봄을 받을 것이라는 기대는 채우지 못할 것입니다. 반면 동양인, 최소한 한국인 리더와 사역을 하게 된다면 '내가 관심을 받고 있구나!', '돌봄을 받고 있구나!' 하는 느낌을 강하게 받게 될 것입니다. 물론 이런 관심이 사생활을 침범하는 경우를 배제한다면 말입니다.

한국인이 이렇게 꼬치꼬치 묻는 이유는 상대방에 대한 관심에서 나온 '우리 문화'의 습관 때문입니다. 다국적 팀 사역에서 이런 관심과 사랑이 조금 더 국제화된 모습으로 세련되게 표현된다면 다국적 팀 사역은 조금 더 가족 같은 관계 속에서 이루어지게 될 것입니다.

앞으로 여러분들이 서양인 사역자들을 만나게 된다면, 가족 같다는 생각에서 나오는 끊임없는 질문들은 다소 자제해 주는 것이 좋습니다. 한편 서양인 사역자라면, 세세한 것까지 묻는 한국인의 습성을 관심의 표현이라 여기고 기쁨으로 받아 주었으면 합니다.

5

대화, 의사소통

외국 선교사에게 한국 선교사와 사역하면
서 무엇이 가장 힘드냐고 물었더니, 한국
사역자와 대화할 때 그 사역자가 주장하는
내용의 핵심을 잘 모르겠다고 하며 그것이
힘든 점이라고 합니다. 발표할 때 논리가
약하고 발표가 익숙하지 않기 때문에 생기
는 문제점이라고 생각합니다.

대화, 의사소통

토론이 익숙하지 않은 한국 사역자들

다국적 선교사 팀에서 가장 강조되는 부분은 '대화' 이고 '토론' 입니다. 서양 선교사들은 '대화' 로 풀지 못할 문제가 없고 '토론' 으로 극복하지 못할 문제가 없다는 강한 신념을 갖고 있습니다. 그런데 한국인 사역자들은 '대화' 나 '토론' 에 익숙하지 않습니다. 토론 가운데 자신의 의견을 발표하는 경우가 있는데 발표하는 것이 익숙지 못한 모습을 종종 봅니다.

발표가 익숙하지 못한 모습

1) 논리적인 발표력의 부족

외국 선교사에게 한국 선교사와 사역하면서 무엇이 가장 힘드냐고 물었더니, 한국 사역자와 대화할 때 그 사역자가 주장하는 내용의 핵심을 잘 모르겠다고 하며 그것이 힘든 점이라고 합니다. 발표할 때 논리가 약하고 발표가 익숙하지 않기 때문에 생기는 문제점이라고 생각합니다.

2) 공격적인 말투와 상대방의 의견을 수용하지 않는 방어적인 말투

3) 매우 격앙된 목소리, 큰 목소리, 떨리는 목소리, 때론 화내기

외국인들은 한국인들이 이야기를 할 때 목소리가 크다고 합니다.

이러한 성숙하지 않은 모습은 일부 사람에게서 나타납니다. 다국적 팀에서 사역하는 북미인 중에는 이러한 성숙하지 못한 모습이 나타나는 경우가 거의 없습니다.

모범적인 태도

간단명료, 핵심적이고 논리적인 의사표현, 건설적인 발언, 온화하고 안정된 말투, 다른 사람의 의견을 수용하려는 자세 등등.

아시아인의 Yes는 Yes가 아닐 수 있다

만일 당신이 미국인 리더이고 팀원 중에 한국인이 있다면 그들의 대답 속에 숨어 있는 진실을 찾아보려고 노력해야 합니다.

> 정보 전달에 있어 그 전달 수단의 회로를 극소화하고 또 애매하게 한다. 자기의 체험이나, 의사나, 주관적 견해를 가급적 남에게 표현되지 않게끔 억제하기 때문이다.
>
> 그러기에 한국인의 '예스, 노'의 한계는 애매할 수밖에 없다. 한국에 온 외국인이 가장 당혹하고 낭패하는 것이, 한국인의 '예스'가 강력한 '노'일 수 있고, 또 한국인의 '노'가 강력한 '예스'일 수 있다는 그 모호함에 있다는 말을 여러 번 들은 적이 있다.[13]

---

13) 이규태, 「한국인의 의식구조 1」, 신원문화사, 1983, p153.

무슨 의견이 있는지 말해 보라고 하면 거의 대부분의 한국인은 거절하거나 소극적인 태도를 보입니다. 그래도 그런 상황에서 한국 리더는 계속해서 침묵하는 팀원들에게 발표해 보라고 요구를 하고, 팀원들은 주위 사람들에게 떠밀려 마지못해 발표하는 경우가 있습니다. 그들은 처음에는 "못한다", "No"라고 말하지만 발표를 시켜 보면 너무너무 잘 하는 경우를 보게 됩니다. 발표할 것이 없다고 하지만 사실은 마음속에 발표할 것이 다 있습니다.

당당한 자세 필요

틀릴까 봐 자신의 의사를 표현하는 데 서툴고 두려움이 많습니다. 많은 사람들은 '말을 잘 못하면 야유가 쏟아지지 않을까?' 하는 한국의 심리적 배경 속에서 위축되어 왔기 때문에 토론하는 데 많은 어려움을 느낍니다. 또한 서양 사역자나 다른 나라 사역자들이 서로 대화하는 모습을 보면 한국 사역자들(특히 초임 선교사, 단기선교사 등)은 눈에 띄게 위축되어 있는 모습을 보게 됩니다. 서양 선교사들은 영어가 아닌 서툰 선교지 언어로 대화를 하더라도 당당합니다. 여유가 있고 목소리에 힘이 들어가 있습니다. 어느새 대화의 주도권이 그들에게 넘어가 있는 것을 보게 됩니다. 사실 한국 사역자들도 주눅들 필요가 없습니다. 선교지 언어가 완벽하면 그때 가서 주도적으로 교제해 보아야겠다는 완벽주의 기질이 있는 것 같습니다. 머릿속에서 문법과 문장이 완벽하게 구성이 되면 그때 대화를 하려는 생각 같습니다. 틀려도 당당하게 접근하고 말을 해야 합니다.

대화의 거리

```
┌─────────────────────────────────────────────────┐
│              대화시 얼굴과 얼굴의 거리                │
│                                                 │
│   한국 남자 사역자 •─────────────• 한국 여자 사역자    │
│   한국 남자 사역자 •── 1m ──• 한국 남자 사역자        │
│   서양 사역자 •────────• 서양 사역자                 │
└─────────────────────────────────────────────────┘
```

　　서양 사역자는 대화에 죽고 대화에 사는 사람인 것 같습니다. 수련회 때나 모임이 되면 무슨 할 말이 그리도 많은지 쉬지 않고 이야기를 합니다. 이야기를 많이 하니 새로 결정되는 일도 많습니다. 수련회 전에 전혀 예상에도 없었던 일들이 수련회 중에 갑자기 결정이 되기도 합니다. 중요한 인사 문제가 들어 있는 경우도 자주 있습니다. 그러므로 리더인 사람들은 열심히 대화를 준비하고 참여해야 합니다. 많은 정보들이 오고 가는 자리이다 보니 가만히 있으면 정말로 많은 것을 놓치게 됩니다. 자신이 사역하는 사역지의 문제들이나, 협력이 필요한 부분에서는 합당한 사역자나 상부 기관의 담당자를 찾아가 도움을 구할 수도 있습니다. 사역이 잘 되는 지역의 사역자를 직접 찾아가 비결을 물을 수도 있습니다. 수련회나 회의 등 어느 자리든지 대화는 매우 중요합니다. 대화를 즐기는 사람이 더 많은 성장을 할 수 있습니다. 자신과 팀을 위해서 리더들은 더 넓은 교제권을 형성해 나가야 합니다.

　　제가 볼 때, 한국 사람들이 서로 얼굴과 얼굴을 대면해서 대화를 하는 데 유지하는 거리와 서양 사람들이 유지하는 거리가 다른 것 같습니다. 한국 사람들이 평소에 편안함을 느끼는 거리와 서양 사람들이 편안하게 느끼는 거리에는 다소 차이가 있습니다. 한국 사람 중에서도 남자와 여자가 이야기할 때 유지하는 거리, 남자와 남자가 이야기할 때 유지하는 거리가 다릅니다. 남자와 여자가 이야기할 때는 약간의 거리를 두고 이야기를 합니다. 최소한 남자와 남자가 이야기하는 거리보다는 멉니다.

서양 선교사들과 이야기를 하다 보면 평소에 한국 사람이 익숙해 있는 대화시의 거리를 넘어오는 경우가 있습니다. 서양 선교사들이 대화할 때 편안함을 느끼는 거리가 한국 선교사들이 대화할 때 느끼는 거리보다 가깝기 때문입니다. 서양 선교사들이 대화를 깊이 하려고 더 가까이 다가간다면 한국 선교사들은 자신도 모르게 뒤로 주춤 물러나게 될 것입니다. 왜냐하면 한국 사람들도 편안한 대화의 거리를 유지하기 위해서입니다.

이러한 기본적인 지식이 서양 선교사들과 한국 선교사들에게 있다면 아마 절충되는 거리에서 대화를 나눌 수 있을 것입니다. 서양 선교사는 약간 멀리 있다는 느낌이 드는 거리에서, 한국 선교사는 약간 가까워 부담스럽다고 생각되는 거리에서 서로 이야기를 나눈다면 서로를 당황스럽게 하는 것을 많이 피할 수 있으리라 생각합니다.

또한 대화시엔 입 냄새를 조심해야 합니다. 자신도 모르는 입 냄새로 상대방에게 불쾌감을 줄 수 있습니다. 구강 청결제를 사용하는 것도 좋은 방법이라고 생각합니다. 자국 사람은 자국의 특이한 향이나 냄새를 알지 못합니다. 너무 오랜 시간 동안 익숙해 왔기 때문입니다. 다른 나라를 여행하다 보면 그 나라만의 특이한 향이 있습니다. 보통 그런 향은 편안하게 맡기가 어렵습니다. 한국에도 한국의 향이 있습니다. 사람들이 많이 모이는 곳에는 한국 사람들의 냄새가 있는데 그 중에 가장 대표적인 것이 바로 김치로 인해 생기는 마늘 냄새입니다. 서양 사람들이 모여 있는 곳에서 동양 사람들은 '노릿한' 냄새를 기가 막히게 알아냅니다. '노릿한' 냄새는 동양인에게 불쾌감을 줍니다. 그러나 서양 사람들은 의식을 거의 못합니다. 한국 사람들이 모여 있을 때 한국 사람들이 마늘 냄새를 거의 의식하지 못하는 것과 마찬가지입니다.

이런 상황을 피하기 위해서 어떤 분은 미국인과 만날 약속이 있으면 이틀 전부터 김치를 먹지 않는다고 합니다. 그것이 최소한의 예의라고 생각을 하는 것이죠.

앞에서도 말을 했듯이 서양인들은 한국 사람들이 편안함을 느끼는 거리보다 더 가까이 다가와 이야기를 합니다. 그렇지 않아도 얼굴 다르고 피부 색 달라서 편안하게 이야기하는 것이 어색한데 거기다가 바싹 붙어 이야기하길 원하니 많은 훈련과 경험이 필요하다고 생각합니다.

그리고 당당하게 이야기를 해야 합니다. 기죽을 이유가 하나도 없습니다. 비록 영어가 딸려서 힘들기는 하지만 당당하게 이야기를 해야 합니다. 보통 부드러운 눈으로 상대방의 눈을 보면서 이야기하는 것이 바람직하고 당황해하거나 얼굴이 붉어지거나 제스처를 너무 사용한다든지 무심결에 다른 곳을 쳐다보는 것은 자제하는 것이 좋습니다.

6

뒷담화(험담)

뒷말의 가장 큰 원인은 '의사소통'의 문제
라고 했습니다. 건전한 의사소통이 차단되
어 있기 때문에 음지에서나 자라는 험담을
하게 된다고 생각합니다. 험담은 관계를 파
괴하고 공동체를 분열시키는 매우 부정적
인 요소입니다. 관계의 문제를 해결하기 위
해서는 험담은 멈추고 용기를 가지고 당사
자를 찾아가는 용기가 필요합니다.

뒷담화(험담)

부정하고 싶지만 일부 한국 사람들은 사람의 뒤에서 부정적인 말을 많이 합니다. 걱정한다는 식으로 시작되지만 어느 틈엔가 남 이야기를 즐기고 있는 경우를 종종 보게 됩니다. 선교사들 가운데도 이렇게 당사자가 없는 곳에서 부정적인 이야기를 하는 것을 보았습니다. 어느새 나도 부정적인 이야기를 즐기고 있고 또한 말하고 있는 것을 발견하게 되었습니다.

Q국에서 만난 재미교포 한국 선교사 부부의 행동을 보면서 우리와 많이 다르다는 생각을 하게 됩니다. 그분들과 교제를 나누면서 서양 크리스천들의 성숙한 모습을 많이 보게 되었습니다. 그분들에게서 남의 부정적인 이야기를 들어 본 적이 없습니다. 분명히 다른 사람 사이에서 어려움이 있을 텐데도 험담을 하지 않습니다. 험담의 블랙홀과도 같습니다. Q국에서 사역하시는 어떤 한국 선교사님과 대화 가운데 "한국 선교사들은 다른 사람에 대한 험담을 많이 한다."라는 이야기를 들었습니다. 리서치 뉴스에서는 직장 안의 뒷담화에 대해서 다음과 같은 결과를 내놓았습니다.

직장인들은 하루 평균 19분 정도를 직장 내에서 뒷담화를 나누는 것으로 나타났다. 온라인 취업사이트 사람인(www.saramin.co.kr 대표 이정근)이 온라인 리서치 전문기관 폴에버(www.pollever.com)와 함께 직장인 2,191명을 대상으로 "직장 내 뒷담화를 하루 평균 어느 정도 나누십니까?"라는 설문을 진행한 결과, '10분'이 44.2%로 가장 높게 조사됐다고 5일 밝혔다. 이어 '20분' 23.6%, '30분' 20.8%, '없다' 12.6%, '1시간 이상' 6.5% 등의 순으로 평균 19분으로 조사됐다. 뒷담화에 대한 생각을 묻는 질문에는 응답자의 69.7%가 '긍정적이다.'라고 답했다. 긍정적으로 생각하는 이유로는 '위로와 공감을 얻는다.'가 46.1%로 가장 많았고, '정보교류가 가능하다' 24.6%, '동료와 돈독해진다.' 10.4% 순으로 나타났다. 반면, 뒷담화를 부정적으로 생각하는 이유는 30.6%가 '부정적인 선입관이 생긴다.'를 선택했다. 그 외에는 '험담은 나쁜 것이다.'(22.2%), '스스로 한심해진다.'(16.9%), '하고 나면 후회를 하게 된다.'(12.5%), '스트레스가 더 쌓인다.'(8.3%), '모르는 것이 더 낫다'(8.3%)로 나타났다. 뒷담화를 해본 경험이 있는지를 묻는 질문에는 무려 87.4%가 '있다.'라고 응답했다. 직장인들이 뒷담화를 나누는 이유는(복수응답) 무엇일까? 바로 '스트레스를 해소하기 위해서'(56.2%)였다. 그다음으로는 '문제를 해결하기 위해서' 33.6%, '상대방의 문제점을 알리기 위해서' 31.1%, '위로받기 위해서' 25.3% 등으로 뚜렷한 결과를 얻기보다는 감정을 다스리기 위해서 뒷담화를 하는 것으로 나타났다. 뒷담화는(복수응답) 주로 '직장동료'(73.1%)와 가장 많이 나누며, 뒷담화를 나누는 장소는(복수응답) 절반이 넘는 54.2%

가 '퇴근 후 모처'를 꼽았다. 뒷담화의 내용(복수응답)은 업무적으로 가장 많이 부딪히는 '상사의 문제점'(61.4%)이었다. 그 외에는 '답답한 조직문화'(51.7%), '동료와의 마찰'(40.3%), '부하직원의 말썽'(19.5%) 등으로 인간관계와 관련된 문제를 주로 나누는 것으로 나타났다. 성별로 살펴보면 남성(59.4%)과 여성(65.6%) 모두 '상사의 문제점'을 가장 많이 꼽았지만, 그 다음으로 남성은 57.4%가 '답답한 조직문화'를, 여성은 '동료와의 마찰'(52.8%)을 선택해 성별에 따른 차이를 보였다.[14]

험담하는 이유들을 놓고 볼 때 상하와 좌우 관계의 막혀 있는 '의사소통'이 가장 큰 원인입니다. 둘째는 문제가 있는 당사자와 대면하여 해결하길 두려워하는 두려움입니다. 내가 상대방에게 싫은 점을 직접 표현하면 관계가 깨어지지 않을까? 혹 그 사람이 나를 떠나면 어쩌지? 하는 두려운 마음 때문입니다. 셋째는 구조적인 문제입니다. 보통 친구들끼리 서로 문제가 생기면 힘들어도 대화로 풀기가 비교적 쉽습니다. 하지만 상급자나 연장자에 대한 불만이 생기면 직접 말하기는 너무너무 어렵습니다. 스트레스는 이미 압력밥솥에 열을 한참 가한 것처럼 높아 있고 표출은 되어야 하는데 길은 없고 결국 택하게 되는 것이 험담으로 이어지는 것입니다. 험담은 분명히 관계를 깨뜨리는 데 시발점이 되고 다툼을 일으키는 원인이 됩니다. 그러나 분명한 것은 험담하는 것은 바람직한 태도가 아니라는 사실입니다. 관계

---

14) 정재현, "직장인 하루 19분, 상사 뒷담화 즐겨" – "직장 내 뒷담화, 하루 평균 시간은?" 설문조사, 리서치 뉴스, 2007. 02. 05

를 깨뜨리는 독소일 뿐입니다. 그리고 그 험담을 들은 제3자는 험담을 받은 사람에 대한 선입견을 갖게 되어 쉽게 친분 관계를 맺기 어려워합니다. 한국 사역자들과 만나면서 많은 사역자들이 그들의 불만이나 의견, 생각을 윗사람에게 표현하는 것을 포기하는 것을 보았습니다. 의사소통의 길을 스스로 막아 버린 것이나 다름 없다고 생각합니다. 면전에서는 말할 수 없고 일방적으로 강요당하는 권위주의적 리더십 안에서 숨쉴 수 있는 부정적인 통로가 바로 '뒷말'입니다. 한번은 선교지 출신 현지 사역자가 "더 이상 남의 험담, 뒷말을 듣고 싶지 않습니다."라고 공식적인 자리에서 울먹이면서 말했습니다.

꿔수메이는 『중국에는 한국인의 밥그릇이 없다』에서 "일본 사람과 한국 사람들의 단적인 특징 중의 하나는 일본 사람들은 자기들 안에서는 죽어라 싸워도 최소한 다른 나라 사람들 앞에서는 상대방의 험담을 하지 않습니다. 그러나 한국 사람들은 다릅니다. 집안 싸움을 다른 사람들 앞에서 드러내고 쏟아냅니다."라고 지적하고 있습니다. 험담의 영향은 매우 부정적으로 흐르게 됩니다. 그녀는 계속해서 말하길 "부하 직원들 대부분이 새로 부임한 상사를 존경하고 좋아하게 되었습니다. 그러나 한국 사람이 새로 부임한 상사에 대한 험담을 늘어놓게 되었고 그렇게 존경하고 부드럽던 부하 직원과 상사의 관계는 아주 서먹하게 되었습니다."라고 말하고 있습니다. 한국 사람들의 험담하는 문화를 단적으로 지적하고 있습니다.

그런데 불행하게도 일부 한국 선교사들과 사역하면서 이런 경우를 가끔 보게 됩니다. 대부분의 경우 남의 뒤에서는 그 사람의 장점을 이야기하지 않습니다. 주로 단점을 이야기합니다. 크리스천의 경우에도 예외는 아닙니다. 선교사 사모님 한 분이 한국 선교사 사모 모임에 처음으로 참석하게 되었습니다. 외국 생활에 힘들고 지치기도 해서 위로와 격려를 바라는 마음으로 선교사 사모 모임에 나갔는데 엄청나게 충격을 받았습니다. 선교사 사모들의 모임이지만 모임이 끝난 후 교제 시간에는 대부분 참석하지 않은 다른 선교사들 흉을 보는 것으로 일관하였다고 합니다. 이 광경을 본 후 사모님은 그 선교사 사모 모임에 나가지 않기로 마음을 먹고 다시는 나가지 않게 되었습니다. 우리는 직접 말하기보다는 뒤에서 수근거리는 것에 더 익숙해져 있는 것 같습니다.

또 한번은 현지에서 언어를 배우는 언어 학습반에 등록하게 된 선교사 사모의 이야기를 들었습니다. 그 사모가 공부하는 초급반에는 같은 한인교회에 나가는 다른 두 집사님도 있었습니다. 그런데 쉬는 시간만 되면 두 분 집사님이 번갈아 가면서 사모님에게 상대방의 험담을 늘어놓았습니다. 그것에 얼마나 스트레스를 받았는지 사모님은 언어 학습반 수업에 계속 참석해야 할지 말아야 할지 무척 고민을 했다고 합니다.

물론 한국인 사역자들 중에 남의 험담을 하지 않는 분들도 있지만 사역 현장 속에서 보고, 느끼는 것은 많은 사역자들이 남의 험담을 자주 한다는 것입니다. 어떤 사역자는 저에게 "○○ 선교사의 단점이 무엇인가요?"라고 묻기도 했습니다. 관심이 너무 지나쳐 도를 넘어선 느낌이 듭니다. 아무리 좋은 말이라도 남의 뒤에서 장단점을 이야기하는 것은 좋지 않고 서로의 덕을 세우는 데 도움이 되지 않는다고 생각합니다.

인사정책을 집행하는 과정에서도 자칫 잘못하면 상대방의 험담으로 흐를 수 있습니다. 새로운 사역자의 추천이나 영입 가운데 사람의 장점보다는 단점을 들추며 이야기하는 경우를 자주 보게 됩니다. "그 사람은 이것은 장점인데"라고 형식적으로 말하고 너무도 세밀하게 단점을 끄집어내는 경우를 보았습니다. 그러나 이러한 남의 단점 들추기는 바람직하지 않은 모습입니다. 선교지에서 기존 사역자들이 새로 오게 될 사역자의 단점을 미리 알게 되면 팀의 갈등을 미연에 방지할 수 있지 않을까라는 생각에서 미리 말들을 하는 것 같지만 독소를 미리 뿌리는 것과 같은 결과뿐이라고 생각합니다.

서양 선교사들은 비교적 남의 뒷말을 적게 하는 것 같습니다. 전혀 험담을 하지 않는다고 하기는 어려울 것입니다. 서양인 강사가 서양인들을 대상으로 설교하는데 "누가 여러분에게 다른 사람의 험담을 하면 '나에게 그 말을 하지 마십시오.' 하고 말하세요."라는 말을 들었습니다. 서양 선교사들도 그런 경우가 더러 있는 모양이지만 습관적으로 일어난다고 생각되지는 않습니다. 최소한 제가 같이 선교사역을 했던 선교사들은 험담을 하지 않으려고 하는 성숙한 사역자들이었습니다.

그런데 남의 험담을 많이 하지 않는 서양인들이지만 개인에 대한 평가는 정확하게 하는 것 같습니다. 가끔 서양 선교사 중에 전근을 가는 선교사가 생기면 그는 가까운 사람에게 자신을 평가해 달라는 평가서를 부탁하게 됩니다. 평가서는 익명으로 평가를 하게 되며 한 사람이 아닌 여러 사람에게 동일한 평가를 부탁하게 됩니다. 평가서 안에는 세세하고 자세한 질문들이 들어 있습니다. 첫째, 사역에 대한 평가를 묻습니다. 그 선교사가 사역을 잘 하며 열매들을 거두고 성령 충만한 모습으로 살았는지 자세히 묻고 평가하도록 요구합니다. 둘째, 인격에 대한 평가입니다. 아무리 사역을 잘하더라도 인격에 결함이 있으면 새로운 사역지에서 받아들이기 어렵습니다. 그래서 인격에 대한 자세한 질문들을 하게 됩니다. 그리고 그 사람의 인격에 문제가 있다면 솔직히 기록을 하게 됩니다. 이것은 뒤에서 말하게 되면 험담이 되지만 문서화하고 정당한 루트를 통해서 하기 때문에 그 사람에 대한 올바른 평가가 됩니다. 셋째, 정서에 대한 평가입니다. 그 선교사가 자신의 마음과 정서를 잘 다스리는지 묻는 질문들입니다. 감정의 기복에 따라서 사역에 미치는 영향이 큰지 아닌지를 묻고 스스로 정서를 잘 통제하면서 살아왔었는지를 묻는 평가입니다. 이 평가를 통해서 새로운 사역지의 상사는 그 사람의 감정에 대한 부분을 미리 파악할 수 있고 감정적으로 문제가 생길 때 미리 어떻게 도울지 준비를 할 수 있게 됩니다. 넷째, 그 외 그 사람의 장단점을 평가하는 많은 질문들이 있습니다. 이 부분에서 솔직하게 그 사람의 은사를 비롯한 장점을 기록할 수 있고 단점 또한 서술할 수 있습니다. 그 사람의 모든 영역을 매우 냉철하게 평가해 줍니다. 이 평가는 인사정책을 하는 데 아주 중요한 부분을 차지하게 됩니다. 기관에서 아무리 리더 역할을 맡고 싶어도 여러 사람의 다각적 평가에서 점수가 낮으면 할 수 없습니다. 이렇게 하는 것은 당사자와 팀에게 도움이 된다고 판단하기 때문입니다.

험담은 사람의 관계를 무너뜨리지만 공정하고 정확한 평가는 오히려 많은 도움을 줍니다. 남의 험담보다는 적당한 때를 기다려 그 사람에 대한 평가를 정확하게 해 주는 것이 좋을 것입니다.

이렇게 평가를 할 때도 한국 사람은 '정확하게 그 사람에 대해 평가를 하면 그 사람 마음이 상하지 않을까?' 라고 정에 끌리는 모습을 볼 수 있습니다. 다국적 팀에서는 정에 따라 그들의 평가가 영향을 받지는 않습니다. 정확하게 말해 주는 것이 당사자와 팀에게 도움이 된다고 생각하기 때문에 평가를 정확하게 해 주려고 하고, 또한 자신의 평가에 대해서 겸손히 받아들이는 모습을 보게 됩니다.

뒷말의 가장 큰 원인은 '의사소통'의 문제라고 했습니다. 건전한 의사소통이 차단되어 있기 때문에 음지에서나 자라는 험담을 하게 된다고 생각합니다. 험담은 관계를 파괴하고 공동체를 분열시키는 매우 부정적인 요소입니다. 관계의 문제를 해결하기 위해서는 험담은 멈추고 용기를 가지고 당사자를 찾아가는 용기가 필요합니다.

7

회피, 억압

서양인들은 관계에 문제가 생기면 직접 찾아가거나 최소한 찾아가서 해결하려는 노력을 합니다. "당신과 나 사이에서 내가 느끼는 어려움은 이런 점입니다."라고 말입니다. 문화가 달라서 그런지 우리는 이런 말을 먼저 하기가 너무 어렵습니다. 우리끼리만 있을 때도 그렇고 다른 나라 사역자들과 문제가 있을 때도 먼저 회피와 억압을 선택하는 경우가 많습니다. '내가 참고 말지', '내기 사역 경험이 얼마인데!', '내가 나이가 몇 살인데!'라는 생각으로 억압의 문을 더욱 세게 닫습니다. 그렇기 때문에 다른 나라 사역자에게 우리는 인내를 잘하고 묵묵히 자기 일만 열심히 한다는 평가를 받을 수도 있습니다. 그러나 우리의 감정은 날로 관계의 문제로 피폐해 갈 수 있다는 것을 알아야 합니다.

회피, 억압

　의사소통에 있어서 뒷말 외에 또 다른 문제 중의 하나는 관계의 문제가 있을 때 한국 사람들이 취하는 주된 태도인 '회피'라는 것입니다. 직접 당사자를 찾아가서 솔직히 나누며 말하지 못하고 관계의 문제와 상처를 그대로 방치해 둡니다. 그러다가 곪아 터질 때 즈음 되면 크게 싸움을 하고 관계는 회복될 수 없는 상태가 되기도 합니다. 선교지에서 보면 한국 선교사들이 인간관계에서 잘 못하는 것이 대면해서 대화하는 것이고 잘하는 것은 회피라고 생각합니다. 대면하는 연습을 해야 합니다. 이것은 쉬운 작업이 아닙니다. 한국과 같은 서열 의식 문화 속에서는 더욱더 어려운 것 같습니다. 한 남자 선교사가 선교지에서 한국 선교사를 2년 이상 리더로 모시고 일을 하게 되었습니다. 그 리더에게 상처를 받고 어려움도 있었지만 말은 하지 못하고 억압과 회피를 선택하였습니다. 전형적인 한국 사역자의 모습입니다. 그 선교사는 5년이 지난 어느 날 용기를 내어 그때 함께 사역하면서 어려웠던 일을 리더에게 이야기하게 되었습니다. 시간은 많이 흘렀지만 용기를 내서 찾아가 문제 해결을 시도한 자세는 매우 바람직한 자세임에 틀림없습니다. 아쉬운 것은 문제가 있을 때 즉각적으로 찾아가서 해결하려고 했더라면 좀 더 좋지 않았을까 하는 생각입니다. 한국 선교사 리더나 선교사들과 직접 대면해서 대화하는 일은 많은 용기가 필요한 익숙하지 않은 일이지만 그대로 두면 관계를 깨뜨리는 엄청난 괴물로 커 가게 됩니다. 다국적 선교사들과 사역 가운데 이뤄 가는 관계 속에서 회피와 억압은 오해를 낳고 그 후에는 걷잡을 수 없는 문제들을 만들어 냅니다. 자주 대화하고 대면해서 관계 문제를 해결하려는 자세가 필요합니다. 전통적인 한국 리더의 단점 중의 하나는 팀원 중의 한 사람이 자신에게 불만이나 어려움을 토로하면 마치 '리더의 전체를 부정' 해 버리는 것으로 생각하고 그렇게밖에 할 수 없었던 이유를 장황하게 설명하기 급급해한다는 점입니다. 변명과 같은 느낌을 주는 말들을 합니다. 한국 사람들이 죽어도 세우고자 하는 그 체면이 땅에 떨어지는 듯한 느낌을 받는 모양입니다. 그리고 자신에게는 문제가 없었고 어쩔수 없이 팀원에게 어려움을 주는 행동을 하게 되었다고 말하는 경우도 있습니다. 리더가 팀원과 열린 마음으로 대화하다 보면 오해들은 해소될 수 있고 문제들은 틀림없이 해결될 수 있다고 생각합니다. 한국 선교사들은 대면해서 대화하는 기술의 절대 부족으로 잃어버리는 것이 매우 많다고 생각합니다. 안타까운 일이 아닐 수 없습니다. 팀 리더와 팀원 사이에 그리고 팀원들끼리 관계의 문제가 있을 때는 '회피하지 않고 직접 찾아가서 대면' 하는 노력이 반드시 필요합니다.

한국 선교사들이 선교지에서 철수하는 가장 큰 이유는 동료 선교사들 간의 관계 문제 때문입니다. 다른 나라 선교사들 간의 관계 때문이 아니라 한국 선교사들 간의 관계 때문에 사역지에서 철수하는 경우가 제일 많다는 것입니다. 관계가 깨지는 것을 우리는 너무 자주 보지만 깨어진 관계, 불편해진 관계가 회복되는 경우는 매우 드물게 봅니다. 윈 형제의 『하늘에 속한 사람』에서 보면 여러 분파로 나누어졌던 가정교회들이 극적으로 뭉치는 것을 보게 됩니다. 이것은 정말 쉽지 않은 일입니다.

일본에서 선교하는 마크오 선교사는 제안하기를 한국 사람들은 '자존심'을 버려야 한다고 말합니다. 대부분의 경우 자존심을 버리지 못하기 때문에 상대방에 대한 불쾌한 감정을 억압하고 누르는 경우가 많습니다. 설령 용기를 내어 상대방을 찾아간다고 하더라도 대부분 대화의 기술적인 문제들로 인해 상황이 더 악화되는 경우도 자주 봅니다. 물론 이런 영역을 잘 다루는 분들도 있지만 그렇게 하지 못하는 경우도 아주 많습니다.

미국인 선교사에게 "당신들은 관계에 문제가 생기면 어떻게 해결을 합니까?"라고 물었습니다. 대답은 간단했습니다. "우리는 관계에 문제가 생기면 당사자를 찾아갑니다." 내게 질문을 받았던 선교사는 나이가 어린 사람이었는데도 이런 성숙한 대답을 나에게 해 주었습니다. 서양인들은 문제를 회피하기보다 직접 부딪힙니다. 폴 히버트는 북미인들의 직접적이고 대결적인 성향에 대해서 다음과 같이 기록하고 있습니다.

일의 완수와 비형식성에 대한 강조 때문에, 우리는 관계에 있어서 단도직입적이고, 대결적이다. 문제에 직면하게 될 때, 즉시로 그에 대한 정보를 얻기 원한다. 스튜와트(1972:52)가 설명하고 있듯이, "이것은 사실에 직면하며, 미리 문제를 예상하고, 책상에 카드를 늘어놓고, 당사자들로부터 직접적으로 정보를 얻는 것

을 의미한다. 이것은 역시 직접적으로 사람들을 대면하며, 의도
적으로 그렇게 대하기를 원하는 것이다." 친절함이나 예의나 관
계를 맺는 데 시간을 거의 쓰지 못한다.[15]

북미인들의 성향, 세계관이 직접적이고 대결적이기 때문에 대부분
의 문제에 대해 스스로를 억압하거나 회피하지 않고 직접 대면하는
것입니다. 이러한 습성이 자연스럽게 몸에 익은 사람들이 북미인들입
니다. 그리고 대부분의 경우 동양인을 포함한 다국적 선교사들이 모
여 사역하는 다국적 팀에서는 직접적인 방법[16]을 선호합니다. 이들에
게는 연장자 의식이나 '형님', '동생' 하는 벽들이 없습니다. 모두 이
름을 부르는 평등선상에서 대화하는 문화이기 때문에 대면하는 일들
이 가능해지는 것입니다. 한국에서는 관계에 문제가 생기면 머리가
무척 복잡해집니다. 만약 내가 연장자이고 후배 사역자에 대해서 불
편한 마음이 생긴다면 대부분 찾아가서 자신의 마음을 표현하지 않습
니다. 내가 선배인데 찾아가서 후배에게 나의 마음을 내보이면 나를
속 좁은 사람으로 생각하지 않을까? 나의 체면은 뭐가 되는가? 자존
심을 버리면서까지 찾아가야 한단 말인가? 등등의 자존심과 체면에
서 흘러나오는 생각들이 온통 마음을 짓누르게 됩니다. 후배도 선배
를 쉽게 찾아가지 못합니다. 내가 선배에게 불만이 있는데 찾아가서
속마음을 이야기하면 버릇없다고 하지 않을까? 예의 없다고 하지 않
을까? '그래 내가 참자!' 라고 억압하는 것으로 결론을 내리고, 선배는

15) 폴 히버트, 김동화, 이종도, 이현모, 정흥호 옮김, 「선교와 문화 인류학」, 죠이선교회출판부,
  1996, p184.
16) 그러나 선교지에 있는 현지인들과 함께하는 관계에서는 그들의 세계관에 맞추어 주어야 한다.

선배대로 '내가 참지' 하는 결론을 내리게 됩니다. 그런 억압을 선택하더라도 문제는 여전히 남아 있고 더 커져 가지만 결정적인 기회가 없으면 해결하기가 쉽지 않습니다. 그렇게 몇 해를 끌어가기도 합니다. 마음으로 잘 삭이고 스스로 정리를 하면 다행이지만 그렇지 못한 경우엔 문제가 생기기도 합니다.

한국의 고부간 갈등은 유명합니다. 너무 유명해서 '고부간의 갈등 때문에 오는 화병'이라는 말이 의학계에 정식으로 소개될 정도입니다. 화병은 바람직한 대화를 한다면 많이 줄일 수 있는 병이라고 생각합니다. 그러나 막상 갈등 상황에 직면하면 회피하고 억압하기 때문에 이런 한국의 고유한 병명이 생긴 것이라 생각합니다. 어쩌면 고부간의 관계뿐만 아니라 사역자들 사이에서도 이런 '화병'이 만연해 있는지도 모르겠습니다. 크리스천이 아닌 경우에는 이러한 갈등이 있을 때 "술 한잔 하자."라고 하면서 술자리에서 알코올의 힘을 빌려 자신의 마음을 털어놓습니다. 그래서 크리스천이 아닌 경우 이상하게 술자리 한 번 같이 하면 친해지는 경우를 종종 봅니다. 그러나 크리스천의 경우 알코올의 힘을 빌려 관계의 문제를 해결할 수는 없는 일입니다. 그러나 성령의 도움으로 우리는 얼마든지 우리의 자존심, 권위적인 장벽, 체면을 넘을 수 있습니다. 한국 선교사들이 선교지에서 사역을 열정적으로 하고 다른 나라 사역자들과도 비교적 큰 문제없이 지내는 것 같은데 유독 우리끼리 싸우고 다투고 벽을 만들어 간다면 진정한 하나 됨을 배우지 못한 것입니다. 우리는 먼저 나를 사랑하고 다른 사역자를 사랑하는 법을 배워야 합니다.

서양인들은 관계에 문제가 생기면 직접 찾아가거나 최소한 찾아가서 해결하려는 노력을 합니다. "당신과 나 사이에서 내가 느끼는 어려움은 이런 점입니다."라고 말입니다. 문화가 달라서 그런지 우리는 이런 말을 먼저 하기가 너무 어렵습니다. 우리끼리만 있을 때도 그렇고 다른 나라 사역자들과 문제가 있을 때도 먼저 회피와 억압을 선택하는 경우가 많습니다. '내가 참고 말지.', '내가 사역 경험이 얼마인데!', '내가 나이가 몇 살인데!' 라는 생각으로 억압의 문을 더욱 세게 닫습니다. 그렇기 때문에 다른 나라 사역자에게 우리는 인내를 잘하고 묵묵히 자기 일만 열심히 한다는 평가를 받을 수도 있습니다. 그러나 우리의 감정은 날로 관계의 문제로 피폐해 갈 수 있다는 것을 알아야 합니다.

남성 사역자와 남성 사역자들 간의 관계에서도 문제이지만 남성 사역자와 여성 사역자 사이에 문제가 발생하면 더욱더 우리는 억압과 회피를 택합니다. 남성 사역자들이 여성 사역자들에게 불만이 생기고 불편한 감정이 생기면 '내가 남자인데 먼저 찾아가서 내 마음을 털어놓을 수는 없지! 참자! 내가 말을 한다면 속좁은 사람이 되고 말 거야!' 라는 생각으로 먼저 찾아가서 말을 하지 않는 경우가 많습니다. 남성 사역자가 나이가 많고 여성 사역자가 나이가 적은 경우라면 더욱 그러합니다. 서로 찾아가지 않습니다. 때로 결혼을 한 사역자라면 직접 찾아가지 않고 아내를 통해서 문제를 해결하려는 시도도 합니다. 그러나 직접적인 대화가 더욱 바람직한 방법입니다. 말을 하지 않는다고 해서 행동으로 나타나지 않는 것이 아닙니다. 행동으로 드러나게 됩니다. 어떤 식으로든 불편한 마음은 행동으로 드러나게 됩니다. '한국 사람들은 어색하고 불편한 그리고 냉냉한 인간관계를 유지하는 데 익숙해져 있지 않나' 하는 생각이 듭니다.

억압과 회피는 버리고 대면을 취하는 것이 국제적인 리더로 성장하는 길이 될 것입니다.

8

비교 의식과
경쟁 의식

우리나라 사역자들은 목표를 이루기 위해 열심히 뛰지만 결과에 승복하는 데는 익숙하지 않은 것을 봅니다. 경쟁이 아니라 비교의식을 사역의 추진력으로 삼고 있기 때문이라고 생각합니다. 또한 결과만 중시하는 경향이 있으며 과정을 분석하거나 원인을 파악하고 조사하는 데는 익숙하지 않은 것 같습니다. 그렇기 때문에 똑같은 실수를 범할 가능성이 여전히 남게 된다고 생각합니다.

비교 의식과 경쟁 의식

한국 선교사들은 다른 선교사들에 대한 비교 의식이 강합니다. 외국인 선교사들에게 비교 의식을 갖는 것이 아니라 한국인 선교사에게 비교 의식, 라이벌 의식을 갖습니다.

한국인의 배면성은 진취적 발전 요인을 거세할 뿐 아니라 항상 라이벌을 외부에서 찾지 않고 내부에서 찾는 성향을 갖게 했다. 이를 테면 같은 직위나 직책의 동료일수록 반발이 심해지고 적대한다. 친하던 친구도 동렬에 오르면 그때부터 적대감이 태동한다. 그 동료가 실수하거나 상관에게 꾸지람 듣는 것을 은근히 속으로 기뻐한다. 사촌이 논을 사면 배가 아프고, 사돈이 논을 팔면 체증이 내려가는 심사는 내부에서 라이벌을 찾는 이면적 의식 구조의 소치이다.[17]

선교 사역에 있어서 어느 정도 열매들을 맺는다 하더라도 다른 선

---

17) 이규태, 「한국인의 의식구조 1」, 신원문화사, 1983, p321.

교사에 비해서 숫자나 규모가 미치지 못한다고 생각할 때 만족해하지 못하는 것 같습니다. 끊임없이 비교하고 우위에 서지 못하면 좌절합니다. 한국 선교사는 비교 의식과 싸우는 것 같습니다. 올림픽에서 은 메달 따고 기뻐하지 않는 한국 선수들은 한국인 가운데 있는 비교 의식을 단적으로 보여 주는 모습이라고 생각합니다. 한국인의 마음 깊은 곳에는 낮은 자존감에서 시작되는 비교 의식이 뿌리를 내리고 있다고 생각합니다.

서양 선교사 특히 미국 선교사들은 경쟁 의식이 매우 강합니다. 그러나 그들은 다른 사역자들과 경쟁한다기보다는 그들이 세워 놓은 목표와 치열하게 경쟁합니다. 세워진 목표를 달성하기 위해 그들은 자신들이 가진 모든 역량을 다 쏟아 붓습니다. 또한 목표를 이루기 위한 과정을 중요하게 여기며 끊임없이 회의하고 토론하고 기도하는 것을 보게 됩니다. 폴 히버트 박사는 다음과 같이 기술하고 있습니다.

경쟁과 자유 기업

북미인들은 경쟁에 높은 가치를 둔다. 승리는 어린 시절부터 격려된다. 학생들은 성적으로 경쟁하고, 영웅 정신은 스포츠에서 승리를 가져온다고 배운다. 파커 팔머(Parker Palmer 1977:9)는 미국 학교 제도가 경쟁과 자기의존을 위한 훈련 장소가 되었음을 지적한다. 그리고 "훈련 장소 이상으로, 교육 자체는 경기가 시작되기도 전에 승자와 패자가 결정되는 경쟁적인 영역이 되어 왔다." 그 후에 생활 속에서 북미인들은 지위와 능력과 명성과 재산을 위해 경쟁한다. 패자와 약한 자와 느린 자와 신체장애자들은 설 자리가 거의 없게 된다. 그러면서 사람들은 흔히 자기가 열심히 노력만 하면 누구든지 성공할 수 있다고 생각한다.

경쟁과 밀접하게 연관된 것은 자유 기업 정신이다. 모든 사람이 성취하는 데 있어 같은 기회가 주어져야 하며, 경쟁은 최선의 사람이 승리하게 된다는 것을 보장해 준다. 이런 것을 강조하는 것은 '공정한 경기'의 개념이다. 모든 사람이 똑같은 규칙하에 경쟁해야 한다. 스포츠에서는 마치 빈틈 없는 신처럼 행동하며 모든 경기가 공정하게 되도록 하는 심판이 있다. 삶에서는 모든 사람들에게 같은 정의가 내려지도록 하는 정부가 있다.

경쟁과 개인의 성취에 대한 강조는 어린 시절부터 경쟁을 하지 않거나 다른 사람들, 특히 나이 든 어른들과 함께 문제를 의논하도록 가르침을 받아 온 북미의 호피(Hopi) 인디언들과, 케냐의 키쿠유(Kikuyu) 족과 타이 사람들과 같은 많은 사회에서는 낯설은 것이다. 결과적으로, 학교에서 그들은 숙제를 완성하도록 서로가 도와주고 그 과목을 끝내는 데 있어서도 일등을 하려고 하지 않는다. 그들의 장로격인 선생들에게 전적으로 동의한다. 그리고 운동경기에서도 그들은 다른 집단에 속한 사람들을 이기려 하지 않기 때문에 점수 올리는 것을 좋아하지 않는다. 이런 형태의 태도는 많은 미국인들에게는 거의 이해될 수 없는 것이다.[18]

북미 선교사들은 경쟁이 익숙해져 있지만 최소한 선교지에 파송된 선교사들은 다른 선교사들과 경쟁하기보다는 목표를 경쟁상대로 여기고 자신들의 최선을 다합니다. 한편 제가 발견한 서양 선교사들에

---

18) 폴 히버트, 김동화 외 3명 옮김, 「선교와 문화 인류학」, 죠이선교회출판부 번역, pp183-184.

게 배울 점은 목표를 향해 열심히 달려가 결과를 얻게 되면 그 결과가 어떠하든 결과를 수용한다는 것입니다. 물론 그 결과가 나올 수밖에 없었던 이유를 철저히 분석하고 원인을 조사하는 작업을 중요하게 여깁니다. 그들은 그것을 바탕으로 다음 목표를 세울 때 철저히 반영을 합니다. 우리 나라 사역자들은 목표를 이루기 위해 열심히 뛰지만 결과에 승복하는 데는 익숙하지 않은 것을 봅니다. 경쟁이 아니라 비교 의식을 사역의 추진력으로 삼고 있기 때문이라고 생각합니다. 또한 결과만 중시하는 경향이 있으며 과정을 분석하거나 원인을 파악하고 조사하는 데는 익숙하지 않은 것 같습니다. 그렇기 때문에 똑같은 실수를 범할 가능성이 여전히 남게 된다고 생각합니다.

한국 선교사들이 비교 의식을 느끼지 않는 단계에 도달하기 위해서는 사역에서 최고, 최대, 최초가 되는 길밖에는 다른 길이 없어 보입니다. 최고, 최대, 최초는 한국 사람들의 습성 중의 하나입니다. 강준만은 『한국인 코드』에서 다음과 같이 한국인을 묘사하고 있습니다.

> 한국사회는 오래 전부터 '동양 최고', '동양 최대', '동양 최초', '세계 최고', '세계 최대' 등과 같은 '최고 병', '최대 병', '최초 병'을 앓아 왔다. 역사적으로 너무 당한 경험이 많아서인지 한국인들은 최고, 최대, 최초주의에 한이 맺혔다. 최고, 최대, 최초를 향해 목숨을 걸고 질주한다.[19]

그는 또한 그 이유를 '자존감을 위한 투쟁', '한국의 약소국 콤플

---

19) 강준만, 「한국인 코드」, 인물과 사상사 2006. 2. 22, p78. 강준만은 한국의 최고, 최대, 최초 의식의 긍정적인 면으로 삼성이 세계일류기업이 된 것을 예로 들고 있다.

렉스'에 두고 있습니다.

한국 선교사들은 사역자들이 없는 곳에 혼자라도 가서 사역을 하길 원합니다. 서양 사역자들은 절대로 혼자 가지 않습니다. 팀을 만들어 갑니다. 어쩌면 한국 선교사들이 불모지에 홀로 가고 싶어 하는 이유가, 자신이 그곳의 최초 선교사가 되고 싶은 동기일지도 모르겠습니다.

비교 의식은 건강한 사역의 동기가 되지 못하므로, 부단히 버리려는 노력을 해야 합니다. 또한 다른 사역자들과 벌이는 경쟁은 문제가 되지만 목표를 이루기 위한 목표에 대한 경쟁은 긍정적으로 생각합니다.

9

미래 지향적인가 현재 중심적인가
- 예약문화를 중심으로

그렇다면 왜 한국인은 예약문화에 익숙하지 못한 것일까요? 그리고 왜 서양인은 예약문화에 익숙한 것일까요? 그것은 각자의 세계관이 다르기 때문입니다. 한국인들은 현실, 현재 중심의 삶을 살고 있으나 서양인들은 미래 지향적인 세계관을 가지고 있습니다.

미래 지향적인가 현재 중심적인가
- 예약문화를 중심으로

다국적 팀 사역에서 행사를 준비할 때는 참석 여부를 미리미리 신청해야 합니다. 두세 달 전, 어떤 경우에는 6개월이나 1년 전에 예약 혹은 신청을 미리 해야 합니다.

몇 년 전 선교지에서 성경 세미나를 하게 되었습니다. 참석자들은 개인당 100불의 참가비를 내야 했습니다. 감사하게도 어떤 한 분이 참석할 모든 사람의 참가비를 모금해 왔습니다. 그런데 신청을 해 놓고 참석하지 않은 사람이 10여 명이 나왔습니다. 모금을 해 오신 선교사님은 우리에게 "여러분, 이러시면 안 됩니다. 이미 등록을 했는데 참석을 안 하시면 참가비만 지출됩니다. 10명이 참가를 하지 않아서 1,000불이나 손해가 납니다. 다음부터는 이런 일이 없도록 해 주십시오."라고 강경하게 말을 했습니다.

다른 경우는 "수련회 중에 있는 선택 강의 신청은 수련회 시작 두 달 전까지 해 주세요."라고 공고를 했는데, 신청하지도 않은 선택 강의를 수련회 중에 청강하는 경우가 많습니다. 최근 다국적 팀의 수련회에 있었던 '선교사 케어' 선택 강의에는 신청한 사람보다 20여 명이 더 오게 되었는데 강사도 당황해 하는 것을 보았습니다. 서양인들은 자신이 선택한 것을 듣습니다. 즉 예약한 것에 따라 행동합니다. 그들은 미래의 시간도 현재의 시간만큼이나 자신이 계획하고 준비할 수 있다고 생각합니다. 그러나 한국인들은 계획된 일이라 할지라도 얼마든지 변경이 가능하다고 생각하는 것 같습니다. 미래에 일어날 많은 변수들이 있기 때문에 내가 예약을 해도 지킬 수 없는 일이 발생할 수 있고 그것이 용납되어야 한다고 생각하는 것 같습니다. 그렇기 때문에 예약, 혹은 신청하지 않은 세미나에 불쑥 참석하여 강의안을 부족하게도 하고 행사 진행에 약간 혼잡을 주기도 하는 것 같습니다.

그렇다면 왜 한국인은 예약 문화에 익숙하지 못한 것일까요? 그리고 왜 서양인은 예약 문화에 익숙한 것일까요? 그것은 각자의 세계관이 다르기 때문입니다. 한국인들은 현실, 현재 중심의 삶을 살고 있으나 서양인들은 미래 지향적인 세계관을 가지고 있습니다. 폴 히버트는 다음과 같이 기록하고 있습니다.

직선적인 시간은 미래로 향하며, 우리가 중요하게 생각하는 것은 과거보다 미래에 있다. 이것은 우리가 미래를 조절할 수 있는 것처럼 계획을 세우고, 앞으로 더 좋은 날이 있을 것을 기대하게 한다. 우리는 조상들과 우리의 가족을 단합하고 국가적인 전통에 관하여 배우는 것에 별로 강조점을 두지 않는다. 옛날 방식들은 새로운 어떤 것을 위해 쉽사리 배척된다. "오늘이 당신의 나머지 삶의 시작이다." 그리고 "미리 계획을 세우라."라고 하는 격언들은 삶을 위한 우리의 계획안이 되는 것이다. 이런 시간의 개념은 진보와 행동에 있어서 우리의 믿음과 아주 가깝게 연관되어 있다. 서양에서는, 시간을 계획하고 조절할 수 있는 상품으로 본다. 콘돈(J. C. Condon)은 "중산층의 미국인들은 붙잡을 수 없는 시간의 질에 매여 있다. 결과적으로, 그들은 셀 수 없이 많은 일정으로 그 통로를 통제해 보려고 시도한다. 그렇게 하는 데 있어서 그들은 행동지향적인 것을 미래를 향한 추진력으로 바꾸어 간다." 우리는 종종 수첩을 가지고 다음 주와 다음 달에 있을 계획을 세운다. 이는 약속이 없이도 사람들이 서로 만나는 문화에 익숙한 외국인들에게 실망을 준다. 우리의 공장들과 비행기와 학교는 분 단위로 활동을 계획하는데, 이는 모든 사람들이 준비되었을 때 활동을 시작하는 문화에 익숙한 사람들에게는 이해될 수 없는 일들이다.[20]

한국인들의 세계관은 미래 지향적이거나 과거 지향적인 현재를 중시하는 세계관을 가지고 있습니다. 최정만은 "그 세계관의 중심은 항상 '나'(I)이고, 그리고 '지금 여기'(Here and Now)이다."[21]라고 한국인에 대해서 말하고 있습니다. 때문에 한국인은 미래보다는 현재를 중시합니다. 선교사도 한국적 세계관에서 예외일 수 없습니다. 선교 현장에서 몇 달 뒤에 있을 수련회나 모임을 예약하는 것은 익숙한 일이 아닙니다. 그러나 우리는 예약을 하며, 미래를 내다보는 시각을 갖는 훈련을 해야 합니다. 다국적 선교사들과 동역하고 협력하는 데 갖추어야 할 필수 조건 중의 하나입니다.

20) 폴 히버트, 김동화 외 3명 옮김, 「선교와 문화 인류학」, 죠이선교회출판부, 1996, pp187-188.
21) 최정만, 「월드뷰와 문화이론」, 이레서원, 2006, p174. 여기서 "나"는 성찰의 대상으로서 "나"입니다.

10

파워 있는
한국식 기도

언젠가 다국적 팀 수련회 중에 한국인만
모여 열심히 기도를 하고 있을 때였습니다.
한국에서 하던 대로 열심히 부르짖으며 하
나님께 찬양과 기도를 드리고 있었습니다.
그런데 서양 선교사가 그 문 앞을 지나가
며 "외 한국식 기도"라고 혼잣말 하는 것
을 들었습니다. 한국식 기도가 세계적으로
이름이 나 있는 것만은 틀림없습니다.

파워 있는 한국식 기도

한국 기독교가 세계에 자랑스럽게 말할 수 있는 가장 한국적인 기독교의 특징이 있다면 그것은 바로 '기도'일 것입니다. 한국인이 하는 기도는 그냥 '기도'라고 말하지 않습니다. 국제적으로 통용되는 독특한 용어가 있습니다. 그것은 '한국식 기도'라는 것입니다. 한국 사람들이 모인 곳에는 한국식 기도가 있습니다. 한국에 있으면 우리의 기도에 뭐 특이한 것이 있을까라고 생각을 하겠지만 국제 무대에 나와서 보면 한국인의 기도는 매우 독특한 것을 발견하게 됩니다. 그 어떤 나라도 쉽게 이러한 한국식 기도를 흉내 내지 못합니다. 우리만이 할 수 있는 것이라고 생각합니다. 다른 나라 선교사들이 한국식 기도를 하는 것을 쉽게 보지 못할 정도로 특색이 있습니다.

한국식 기도의 특이한 점은 바로 '부르짖는 기도'라는 데 있습니다. 우리는 조용한 목소리로 기도를 하면 "기도의 양이 안 찬다."라고 말을 하곤 합니다. 배에 힘을 주고 목청이 찢어져라 소리 지르는 간구하는 기도를 몇 시간 동안 드린 후에야 비로소 가슴과 영혼이 후련해짐을 느끼곤 합니다.

처음 선교지에 나와서 서양식으로 조용조용하게 기도를 해 보니 기도의 깊이가 느껴지지 않아 심령이 채워지지 않는 느낌을 받았습니다. 그러나 선교지에서 부르짖어 기도할 수도 없었습니다. 한국에서는 기도하는 것을 방해할 사람이 거의 없었지만 대부분의 선교지에서 큰 소리로 기도하는 것은 경찰에 노출될 위험하기 짝이 없는 행동이었습니다. 실제로 찬양과 기도를 크게 하다가 이웃에 고발당해 모임이 와해된 경우도 종종 있었습니다. 어쩔 수 없이 조용한 목소리로 기도했는데 선교지에 처음 도착했을 때는 익숙하지 않아 어려움이 많았습니다.

언젠가 다국적 팀 수련회 중에 한국인만 모여 열심히 기도를 하고 있을 때였습니다. 한국에서 하던 대로 열심히 부르짖으며 하나님께 찬양과 기도를 드리고 있었습니다. 그런데 서양 선교사가 그 문 앞을 지나가며 "오! 한국식 기도!"라고 혼잣말 하는 것을 들었습니다. 한국식 기도가 세계적으로 이름이 나 있는 것만은 틀림없습니다.

몇 년 전 세계 각국의 선교사들과 사역자들이 함께 모여 수련회를 하는 중이었습니다. 함께 기도하는 시간이 있었습니다. "함께 기도합시다."라는 말이 떨어지기가 무섭게 어디서부터인지 모르지만 비명에 가까운 부르짖음이 시작되었고 한국인 사역자들이 있는 곳이 금새 뜨거워지는 것을 보았습니다. 외국 사역자들이 놀랄 정도로 기도하는 목소리가 컸고 열정적이었습니다. 마음 깊은 곳에서 우러나는 간절한 간구였습니다. 한국식 기도는 '힘차고, 열정이 있고, 큰 목소리'가 특징이라고 할 수 있습니다. 이런 식으로 우리 믿음의 선배들이 우리에게 기도를 가르쳐 왔고 우리 믿음의 부모들이 전수해 주었고 지금 우리는 이런 식으로 기도를 하고 있습니다. 한국 부흥의 이면에는, 창자가 끊어질 정도로 간절하게 간구했던 많은 믿음의 선배들의 기도가 있었습니다. 그래서 이렇게 부르짖는 기도가 너무도 자연스럽게 한국 크리스천의 내면에 흐르는 기도의 피가 되었습니다.

하지만 다국적 팀에서 다른 나라 선교사들이 목소리를 높이거나 열정적으로 기도하는 것을 거의 보지 못했습니다. 다국적 팀 모임 중에 긴급 기도 제목이 들어왔습니다. "어떤 자매가 교통 사고를 당해 전신 마비가 될 위험에 처해 있다."는 매우 절박한 기도 제목이었습니다. 사회자의 광고가 있었고 다국적 선교사들은 이를 위해서 기도를 드렸습니다. 그런데 한국과는 무척 다른 모습을 보게 되었습니다. 만약 한국 사람들만 모여 있었다면 아마 집회 장소가 떠나갈 정도로 혼신의 힘을 다해 목이 터져라 기도를 했을 것입니다. 그러나 다국에서 온 사역자들은 그렇게 기도를 하지 않습니다. 그렇게 긴박한 상황에서도 아주 조용조용하게 기도를 합니다. 물론 평소에 기도하는 것보다는 소리가 조금 컸습니다. 하지만 여전히 작은 목소리로 조용조용하게 긴급한 상황을 위해서 기도를 하는 것이었습니다. 처음에 그런 모습의 기도를 보면서 아주 특이하다는 생각을 했습니다. '이들은 간절하게 기도할 마음이 없나.' 라는 생각도 들었습니다. 그러나 그들의 기도를 들어보면 간절하게 기도드린다는 느낌을 받습니다. 간절한데 목소리만 '조용조용' 할 뿐입니다. 굳이 말하자면 이들의 기도 형태는 최대한 영성 있고 깊이 있게 하나님의 임재를 느끼려는 식의 기도입니다. 조용조용하게 하는 기도의 방식이 이미 이들의 신앙 생활에 습관이 되어 있었고, 이들은 이런 기도의 패턴으로 하나님의 인도하심을 경험해 왔습니다. 우리는 한국식 기도의 유형 가운데 하나님의 응답하심을 경험해 왔습니다. 서로 경험과 체험에서 얻은 기도의 방식들입니다. 우리 식의 기도에 하나님이 응답하시듯 조용조용히 하는 서양식의 기도에도 하나님은 응답하시고 큰 역사를 이뤄 주십니다.

재미있는 것은 한국에서 그렇게 열정적으로 기도를 했던 사람들도 서양 사역자와 몇 년 사역을 하게 되면 서양식의 기도 방식을 따라간다는 것입니다. 그러나 서양 사역자들은 한국식의 기도를 따라 하지 않습니다. 현장에서 이런 것을 자주 경험했습니다. 신기하게도 거의 모든 영역에서 한국적인 것과 서양적인 것이 부딪히거나 만날 때 한국적인 것은 약해지고 서양적인 것이 대세를 잡는 것을 봅니다. 기도의 방식뿐만 아니라 팀을 경영하는 방식, 인간 관계를 유지하는 방식 등등에서 이런 모습을 발견하게 됩니다. 한국에서 기도를 잘하던 형제가 1, 2년 선교를 하고 돌아와서 기도회를 인도하는데 힘도 없고 열정도 없어서 또다시 기도를 맡기기가 어렵다고 말하는 한국 사역자의 고백도 들었습니다. 선교지에 나가서 다국적 사역을 하게 되면 점점 우리의 야성이 깃든 기도보다는 아주 깊은 것을 추구하는 서양식 기도를 많이 따라가는 것 같습니다. 한국식의 열정적인 기도와 아주 깊이가 있는 잔잔한 서양식 기도가 조화를 이룬다면 더욱 효과적인 기도가 될 것이라고 생각을 하는데 왜 서양 선교사들은 한국식 기도를 따라 해 보지 않는지 모르겠습니다. 물론 오순절 계통의 신자들은 세계 어디를 막론하고 열정적으로 기도한다고 합니다.

기도의 영향력에 대해서 생각해 보고자 합니다. 개인적으로 기도가 세계 선교에 끼치는 영향력을 본다면 단연 서양식의 기도와 힘, 그리고 그들의 기도 운동이 더 크다고 생각합니다. 세계의 기도운동을 이끄는 것은 서양인들입니다. 그들은 잔잔한 기도로 세계의 기도 운동을 이끌어 가고 있습니다. 기도에 관한 책들도 보면 저자들이 대부분 서양인들이고 책 내용도 아직까지 절대적인 영향력을 미치는 것 같습니다. 세계 각 족속을 향한 끈기 있고 체계화된 기도도 서양에서 이끌고 있다고 생각합니다. 세계 선교를 위한 정보를 제공하고 체계적으로 기도할 수 있도록 돕는 것도 그들의 특징 중의 하나라고 생각합니다. 그들의 체계적이고 수치화된 정보와 우리의 열정적인 기도가 함께한다면 더 큰 일들을 이룰 수 있을 것이라고 생각합니다.

개인적으로 오랫동안 선교지에서 부르짖는 기도를 하지 못했습니다. 보안의 이유 때문이었습니다. 그런데 시간이 지난 후에, 최소한 한국 사람들에게는 부르짖는 기도가 필요하다는 것을 체험적으로 알게 되었습니다. 울부짖는 기도를 통해서 우리 영혼에 일어나는 하나님의 만지심은 서양식 기도로는 도저히 얻을 수 없습니다. 우리가 선교지에 가서도 김치를 먹어야 우리 몸이 건강하듯 한국 선교사들의 영을 살리는 것은 우리식 기도라고 생각합니다.

기도와 매뉴얼

우리는 기도는 열심히 하지만 전수하지 못하는 맹점이 있습니다. 그리고 그것을 전수하는 방법도 그냥 '와서 보고 배워라' 라는 식입니다. 그러니 구체적인 것을 보고 따라 할 수 있는 사람은 배우고, 따라 할 수 없는 사람은 못 배우는 것입니다. 기도에 대한 조언도 '하루 한 시간', '혹은 하루 30분 이상' 이런 식입니다. 그 시간을 어떤 식으로 이끌어 가야 하는지에 대한 구체적인 설명이 없습니다. 매뉴얼을 만들 생각을 하지 않는다는 말이 더 적절한 표현인지도 모릅니다. 하지만 서양인들은 기도를 가르치더라도 누구나 쉽게 따라 할 수 있는 매뉴얼을 제공하려고 노력합니다.

『기도하는 방법』[22]이란 책에는 기도가 무엇이며, 누가 할 수 있는 것이며, 왜 기도하는지, 그리고 누구에게 기도하는 것이며, 언제 기도하는지, 기도에는 무엇이 포함되어야 하는지, 어떻게 신뢰와 확신을 가지고 기도할 수 있는지에 대해서 상세하게 가르쳐 주고 있습니다. 기도에 포함되어야 할 요소는 "찬양, 고백, 감사, 간구"라고 초보자도 쉽게 기도해 볼 수 있도록 설명하고 있습니다.

서양인들은 금식 기도를 어려워하는 경향이 있습니다. 그렇기 때문에 서양인들이 금식에 쉽게 참여할 수 있도록 유도하기 위해서 주스를 마시며 금식하는 것을 보편적으로 허용하고 있습니다. 그런데 그들은 단순히 "주스를 마시며 금식해라."로 끝나지 않습니다. 어떻게, 무엇을, 몇 시에 마셔야 하는지까지 상세하게 기록되어 있습니다. 빌 브라이트 박사님은 40일 금식 기도에 대한 하나님의 음성을 듣고 40일 금식 기도와 수련회를 인도했습니다. 그런데 그냥 인도하신 것이 아니라 매뉴얼화된 교재를 바탕으로 그 기도회를 인도해 갔습니다. 금식 들어가기 며칠 전부터는 어떻게 준비하고 금식을 시작하면서 아침에는 무슨 주스, 오후에는 어떤 주스, 어떤 음료는 피하라는 식으로 설명하고 있습니다. 다음은 그의 책에 소개된 주스 마시는 방법들에 대한 구체적 조언입니다.

Dr, Ruibal suggests a daily schedule that you may find useful during your fast:

5 a.m. – 8 a.m.

22) 한국대학생선교회 역, 「기도하는 방법」, 순 출판사, 1986.

Fruit juices, preferably squeezed or blended and diluted in 50 percent distilled water if the fruit is acid. Orange, apple, pear, grapefruit, papaya, or other fruit are good. If you are unable to prepare your juices, buy juices without sugar or additives.

10:30 a.m. – noon

Green vegetable juice freshly made from lettuce, celery, and carrots in three equal parts.

2:30 p.m. – 4 p.m.

Herb tea with a drop of honey. Make sure that it is not black tea or tea with a stimulant.

6 p.m. – 8:30 p.m.

Broth made from boiling potatoes, celery, and carrots with no salt. After boiling about half an hour, pour the water into a container and drink it.

I suggest that you do not drink milk because it is a pure food and therefore a violation of fast[23]

그저 "주스 마시면서 기도해라."라고 말하지 않습니다. 아침 5-8시 사이에는 신선한 주스를 마시고 산이 강하지 않게 물을 타서 마시고 설탕과 첨가물이 들어가지 않은 것을 마셔라. 10시부터 정오까지는 채소 주스를 마시고 오후 2시 30분에서 4시까지는 꿀을 섞은 허브

23) Bill Bright, 「The Coming Revival」, New Life Publication, p139.

차를 마셔라. 오후 6시부터 8시 30분까지는 소금이 없는 채소 주스를 마시는데 끓이는 방법까지 소개하고 있습니다.

북미인을 비롯한 서양인들은 금식할 때 음료수를 마시면서 합니다. 하나님께서 만드신 몸을 망가뜨리지 않고 기도에 전념하기 위해서입니다. 음료수를 마시며 금식한다고 무척 쉽게 금식한다고 생각하는 사람도 있겠지만 제가 7일간 음료수를 마시면서 금식을 해 보니 육체적인 고통은 그리 차이가 없는 것을 경험했습니다. "음료수를 마시면서 금식해라."라고 단순한 지침을 내릴 수도 있겠지만 구체적인 메뉴얼을 짜는 것이 서양인들입니다. 누구나 쉽게 따라 할 수 있는 지침을 제공하는 것입니다.

또한 기도 제목도 오전에는 나라를 위해서 몇 시간, 오후에는 가정을 위해서 몇 시간 등등. 기도에 대한 여러 가지를 구체적으로 기록합니다. 그 매뉴얼의 도움으로 많은 사람들이 금식에 참여하게 됩니다.

한국의 뜨거운 기도를 전세계에 통용될 수 있는 기도로 발전시켜 나가기 위해서는 매뉴얼을 만들어야 하지 않을까 생각합니다. 하루에 기도를 3시간 하는 사람이 있다면 그 기도의 시간을 어떻게 나누어야 하는지 체계화할 필요가 있고, 바쁜 사람들에게 어떻게 시간을 내서 기도해야 하는지도 구체적인 기록을 남겨 놓는다면 우리 믿음의 후배들이 그 남겨 놓은 기도의 유산을 더 발전시킬 것입니다.

기도의 특징

한국 기도의 특징은 간절하게 부르짖는 것 이외에도 다른 특징들이 있습니다. 무릎을 꿇고 기도하기를 좋아합니다. 편하게 앉아서 기도를 드리는 것은 왠지 경의를 표하는 가장 최고의 표현이라고 생각하지 않습니다. 될 수 있는 대로 무릎을 꿇으려고 노력하는 것이 한국 크리스천입니다. 한국에서 새벽 기도회를 가 보면 긴 의자에 적지 않은 신자들이 올라가 무릎을 꿇고 기도하는 것을 봅니다. 이러한 기도의 자세가 우리에게는 익숙해져 있습니다. 그러나 서양인 크리스천들에게는 무릎 꿇고 드리는 기도가 익숙하지 않은 것 같습니다. 서양인 크리스천들도 골방에서 혼자 기도할 때는 무릎을 꿇는 경우가 있으나 대중적으로 보편화되어 있지는 않은 듯합니다. 그들은 앉아서 기도를 한다든지, 걸으면서 기도를 한다든지, 눈을 뜨면서 기도한다든지 하는, 보다 자유스러운 분위기에서 기도생활을 누리고 있습니다. 큰 모임에서 서양인들이 무릎을 꿇고 기도하는 모습은 아주 가끔 볼 수 있습니다.

한국 크리스천들이 자주 하는 기도 중의 하나는 '금식 기도'입니다. 한국 사람들은 금식을 자주 합니다. 고통스럽지만 금식이 기도 응답에 아주 좋은 방법 중의 하나라고 믿고 있습니다. 새로운 사역을 시작할 때라든지, 새로운 한해가 시작되었을 때라든지 특별한 일들이 있을 때 한국 크리스천들은 금식 기도를 선택합니다. 그리고 교회에 어려운 일이 있을 때 사역을 잠시 접고 40일간 기도원에 들어가 금식 기도를 하는 목회자들도 적지 않습니다. 일반적으로 선교 단체들은 연말에 3박 4일은 금식 기도를 하고 사역기간 중에도 종종 하루 이틀씩 금식 기도를 병행합니다.

동양인들도 금식을 자주 하는 것 같습니다. 아시아 H국 선교사들과 사역을 같이 했는데 이들의 금식 사랑도 대단합니다. 사역 기간 중에 40일간 하루 한두 끼씩 금식 기도 하는 것을 자주 보았습니다. 하루나 이틀 금식하는 것도 그리 어렵지 않게 보았습니다. 그러나 서양 인들이 금식 기도를 하는 것은 자주 보지 못했습니다. 미국에서 온 2년 단기선교사들과 함께 사역을 했었는데 금식을 한다는 소식을 들은 적이 없습니다. 서양 사역자들이 금식을 하지 않는다고 말하기는 어렵지만 아시아 사역자들처럼 많이 하지는 않는 것 같습니다. 그런데 서양 사역자 중에도 성숙한 크리스천들은 금식을 하는 것을 보았습니다. 지역 리더였던 '존'이라는 미국 선교사는 12년 동안 Q국 사역을 했던, 경력이 오래된 사역자인데 12년 되던 해에 20일 금식을 선포하고 금식 기도를 하는 것을 보았습니다. 대단한 결단이라고 생각되었습니다. 10일쯤 지났을 때 "많이 힘드시냐?"고 물어보았더니 "별로 힘들지 않다."라고 대답을 했습니다. 그렇게 10일이 지나갔는데 '존' 선교사는 20일을 못 채우고 금식을 그만두었습니다. 이유는 의사의 조언 때문이었습니다. 의사가 '존' 선교사에게 "금식을 오래 하면 심장이 줄어들게 되어 몸에 이상이 생길 수도 있다."라고 조언했고 그 말을 들은 '존' 선교사는 과감히 금식을 그만두었습니다. 한국과 다른 점을 몇 가지 볼 수 있습니다. 금식이라는 종교적인 행위를 하면서도 의사의 권면을 적극 수용한다는 점입니다. 그리고 기간을 못 채우고 금식을 그만두기도 합니다. 한국 사람들은 기간을 다 못 채우면 '기도가 상달되지 않는다.' 혹은 '덜 상달된다.' '서원을 다하지 못했다.'라고 생각할 텐데 서양인들은 그렇지 않은 것 같습니다. 제가 만약 20일 금식을 선포하고 다 채우지 못했다면 아마 실패감에 마음이 상당히 괴로웠을 것입니다. 그동안 어렵게 했던 금식 기도의 공이 수포로 돌아가는 좌절감이 있었을 텐데 '존' 선교사는 전혀 그렇지 않았습니다. 형식보다 내용을 중시하는 그들의 세계관, 신앙관 때문이라고 생각합니다. 20일은 채우지 못했지만 금식 과정 속에서 하나님과 깊은 교제와 기도를 했기 때문에 그는 자유할 수 있었던 것 같습니다.

그리고 또 하나의 다른 점은 존 선교사가 개인적 차원에서 금식 기도를 했는지 모르지만 다른 사람들에게는 금식을 강요하지 않았다는 점입니다. 올해 부흥회 기간에 강사 목사가 금식에 대해서 조언하기를 "금식을 할 때는 혼자 하지 말고 제자들을 데리고 하십시오!"라고 강하게 도전하였던 것을 기억합니다. 그러나 '존' 선교사는 서양인으로 쉽지 않은 장기 금식을 결정하면서도 우리에게 단 한 번도 "함께 하자.", "너희도 금식해라."라고 말하지 않았습니다. 그냥 혼자 묵묵히 해 나갔습니다.

한국인은 금식을 하는데 무엇을 먹거나 마시면서 하는 금식은 금식으로 쳐 주지 않습니다. 그러나 서양 사역자들은 주로 주스를 마시면서 금식을 합니다. 처음에 서양 크리스천들이 금식할 때는 주스를 마시면서 한다는 말을 들었을 때 '그것도 금식이냐'라는 생각이 들었습니다. 그러나 제가 지켜 본 바로는 주스를 마셔도 금식은 금식입니다. 그들은 금식을 하더라도 사역지를 떠나지 않습니다. 목회자가 교회를 수십 일씩 떠나 있지 않습니다. 금식할 필요가 있다면 가장 기초적인 양의 양분만을 흡수하기 위해서 주스를 가볍게 마시고 사역은 사역대로 해 나갑니다.

새벽 기도도 한국의 자랑스러운 기독교 문화 중의 하나입니다. 한국의 많은 크리스천들은 새벽에 교회에 모여 예배를 드리고 기도 시간을 갖습니다. 목회자들이 갖추어야 할 것 중의 하나가 새벽 기도를 열심히 하는 것입니다. 그러나 서양 기독교인들은 새벽 기도가 익숙하지 않은 것 같습니다. 한국 선교사님 한 분이 영국에 가서 영국의 한 교회를 섬기게 됐는데 담임 목사님께 부탁을 드려서 새벽 기도를 인도해 보겠다고 제안을 했습니다. 담임 목사님은 허락을 했습니다. 첫날 반응이 가장 좋아 10여 명이 참석을 했습니다. 그러나 갈수록 줄어들어 한 달 즈음 지나서는 담임 목사와 한국인 목사밖에 남지 않았고 결국 한 달도 못 되어 새벽 기도회는 중단되고 말았습니다. 의욕적으로 새벽 기도를 해 보려고 했던 한국 목사의 노력은 결실을 거두지 못했습니다.

1992년 일본에 단기선교를 갔었는데 연결된 곳은 나고야에 있는 작은 일본교회였습니다. 우리가 하게 된 일은 곳곳을 돌아다니며 전단지를 나누어 주고 기회되는 대로 전도용 소책자를 전하는 일이었습니다. 제가 섬겼던 교회에는 새벽 기도가 있었고 우리는 새벽 기도회에 참여해야 했습니다. 시간은 아침 6시였습니다.[24] 왠지 모르게 마음 속에 드는 생각은 '6시에 무슨 새벽 기도? 아침 기도지!' 라는 것이었습니다. 하지만 새벽은 아니어도 이들이 이 모임에 나오기 위해서는 상당한 헌신이 필요했습니다. 아무튼 새벽 기도가 다른 나라에 토착화되어 뿌리를 내리기는 어려운 모양입니다.

외국 선교사들은 아침뿐만 아니라 다른 시간에도 모여 기도하는 것을 볼 수 있습니다. 아침에 모이기가 어려우니 밤에 모임을 갖자고 하고 주중에 한두 번 기도 모임을 갖기도 합니다. 그리고 홀로 기도하는 시간을 자주 갖는 것 같습니다.

외국에도 새벽 기도가 뿌리를 내린 곳이 있는데 그곳은 한인 교회

---

24) 요즘은 한국에서도 am 5, 6시 두 차례 새벽 예배를 드리는 교회가 많아진 것 같습니다.

들입니다. 외국에 있지만 한국 크리스천들은 새벽 기도회를 갖습니다. 그러나 한국의 이런 새벽 예배 문화가 다른 나라, 다른 나라 사람들에게 정착되는 것은 쉽지 않은 것 같습니다.

제가 있었던 선교지의 리더인 다니엘이란 선교사는 아침 5시에 일어납니다. 일어나서 주로 하는 것은 '경건의 시간'을 갖는 것입니다. 홀로 하나님을 깊이 만나는 시간을 갖습니다. 누구에게도 방해받지 않고 하나님과 단 둘만의 시간을 보냅니다. 때로는 산책을 하면서 하나님과 새벽에 교제를 즐기기도 합니다. 또 약간 이상하게 생각되겠지만 새벽에 일어나 '조깅'을 하면서 하나님과 함께하는 교제 시간을 갖는 사역자도 있습니다. 제가 만났던 미국 선교사 '제임스'는 아침 6시 전에 일어나 바로 '조깅'을 하는 분이었는데 조깅을 하면서 기도하는 시간을 가진 지가 15년 이상이 되었다고 합니다. 한국 크리스천들이 볼 때 아주 특이하게 생각될 것입니다. '새벽에 일어나 열심히 기도를 해야지 조깅을 하면서 기도를 한다구? 그래서 사역에 부흥이 일어나겠어?'라고 생각할지 모르지만 '제임스' 선교사가 사역을 했던 지역은 선교지에서 가장 부흥하고 있었고 모든 지역에 모범이 되는 지역으로 성장을 한 지역이었습니다. 한국에서 목사가 아침 일찍 일어나 조깅을 하면서 기도를 한다고 하면 모두들 비웃겠지만 서양식 환경에서는 이런 일이 가능하고 하나님께서 은혜도 부어 주십니다.

가수들은 아침에 노래해야 하는 것을 가장 부담스럽게 생각한다고 합니다. 목이 아직 풀리지 않은 상황에서 노래를 해야 한다면 죽을 쑤기 십상이고 목이 쉽게 상할 수 있기 때문입니다. 그런데 우리 한국의 사역자들은 새벽부터 목을 무리하게 사용해서 기도와 찬양을 하기 때문에 목이 만성적으로 쉬어 있는 분들을 상당히 많이 봅니다. 그리고 성도들은 약간 목이 쉰 목사가 더 영성이 있다는 생각을 갖는 것 같습니다. 그런데 다국적 팀 사역을 하면서 기도로 인해서 목이 쉬어 있거나 상한 분을 만나 보지 못했습니다.

한국 사람은 축도를 좋아합니다. 설교 시간에는 졸다가도 축도 시간에는 경건한 마음으로 머리를 숙이고 축도를 받습니다. 목사는 두 팔을 벌려 성도들 한 사람 한 사람에게 안수하듯이 축복 기도를 해 줍니다. 아무리 보아도 이런 식의 축복 기도는 한국밖에 없는 것 같습니다. 한국 문화이니 배척할 필요도 없을 것 같습니다. 그러나 다국적 모임에 참여를 하게 된다면 이런 한국식 축도를 기대할 수 없을 것입니다. 1990년도 중반에 제가 다니던 대학교에 이스라엘 목사님께서 방문하셨습니다. 그분은 호남 지역인 우리 학교에 와서 호남 지역의 아픈 역사를 살펴보고 치유를 선포하는 내용으로 설교를 하셨습니다. 설교가 끝나고 통역하시는 분은 학생들인 우리에게 축복 기도를 해 주실 것을 이스라엘 목사님께 부탁을 드렸습니다. 이스라엘 목사님이 하시는 말씀이 "한국 사람은 왜 축복 기도를 좋아하는지 모르겠다."라고 한마디 하시고 정 그렇다면 시편의 한 부분을 읽고 축도를 대신하겠다고 하시고 간단히 시편의 한 부분을 읽고 마치셨습니다. 축도는 한국의 특별한 상황 속에서 나온 한국의 기도 문화라고 생각합니다.

한국 목회자는 하루에 1시간 30분 정도 기도를 하고 서양 목회자들은 30분 정도 기도를 한다고 합니다. 성도들도 많은 기도를 합니다. 그러나 우리는 너무 우리를 위한 기도만 하고 있지 않은지 모르겠습니다. 우리 나라 크리스천들이 하는 기도는 FM 주파수 방식에 비유 할 수 있을 것 같습니다. 단거리까지는 분명히 가지만 그 이상을 넘어 가지 못합니다. 자신의 문제를 넘지 못하고 교회를 넘지 못하고 나라를 넘지 못하는 것이 아닐까 생각해 봅니다. 서양의 기도는 AM식과 같다는 생각이 듭니다. 한국식 기도보다 열정이나 부르짖는 면에서 형편없이 약한데도 개인을 넘어 나라를 넘어 세계를 향합니다. 미전도 종족을 위한 구체적인 기도가 이루어지고 다른 나라를 위한 구체적이면서도 끈질긴 기도가 이루어지는 곳이 서양의 기도 역량일 것입니다. 우리 나라의 FM식 기도가 더 힘을 얻어 세계에 영향력을 미치는 기도 운동으로까지 성장해 가야 할 것입니다. 이제 한국은 세계 곳곳에서 복음을 전하는 전도자의 사명을 막노동꾼처럼 성실히 감당하고 있습니다. 한국 성도들의 기도가 필요합니다.

얼마 전에 'pray for china'라는 달력을 보았습니다. 이것은 중국을 위한 구체적인 상황과 기도 제목이 기록되어 있는, 중국을 위한 기도 달력입니다. 여기에 실려 있는 내용들은 뉴스에도 소개되지 않는 숨겨진 내용들이 많습니다. 직접 발로 수집하고 얻은 내용들이 상당히 많습니다. 이 중국을 위한 달력은 단순한 달력이 아니라 기도 운동을 일으키는 달력입니다. 외국에서 만들어진 기도이지만 이 달력을 가지고 중국을 위해서 기도하는 사람은 세계 곳곳에 퍼져 있습니다. 이것이 운동입니다. 기도의 운동입니다. 중국을 위한 기도 달력은 한국에서도 판매되고 있고 중국에 관심 있는 크리스천들이 그 달력을 가지고 기도하고 있습니다. 중국을 위한 기도 운동이 대양을 넘어서 세계 각국까지 퍼져 가고 있습니다.

한국교회가 자기 중심, 교회 중심에서 벗어나 나라를 위한 기도로 기도 영역이 확장되었으면 좋겠습니다. 나라를 위한 기도 운동이 불길처럼 퍼져 세계를 향해 더욱 힘 있게 퍼져 나갔으면 합니다.

세계를 경악하게 했던 911 테러 사건이 일어난 후 몇 달 뒤에 미국 선교사들을 만날 수 있었습니다. 이 사건을 바라보는 미국 크리스천들의 생각이 너무너무 궁금했습니다. 그들의 큰 아픔이라 함부로 묻지 못했었는데 용기를 내어 그들에게 물어보니 의외로 이 사건을 바라보는 태도는 담담했습니다. "하나님의 뜻이 있겠지요."라고 말할 뿐이었습니다. 테러리스트들에 대해서 욕이라도 할 줄 알았는데 그런 말을 전혀 들어보지 못했습니다. 함께 911 테러 사건을 놓고 집회 시간에 기도하는 시간이 있었는데 그들은 여전히 답답할 정도로 작고 잔잔한 목소리로 하나님께 속삭이듯 기도할 뿐이었습니다. 한국 사람들 같으면 집회장이 떠나가라고 기도를 했을 텐데 말입니다. 이런 일이 있었습니다. 다국적 선교사들의 모임 중에 대구 지하철 화재사고[25] 소식이 집회 장소에 날아들어 왔습니다. 정황을 자세히 몰랐으나 기도를 하자고 사회자가 제안을 했고 말이 끝나자마자 1/3되는 한국 선교사들은 목이 터져라 기도를 했습니다. 주위에 있는 다른 나라 선교사들이 듣든 말든 상관할 바가 아니었습니다. '나라가 어렵게 됐다는데 체면이 문제냐?' 는 식으로 말입니다. 참 다른 두 모습입니다만, 틀린 모습은 아닙니다.

---

25) 대구 지하철 화재사고(大邱地下鐵 火災事故)는 2003년 2월 18일 대구 지하철 1호선 중앙로역에서 방화로 일어난 화재이다. 이로 인해 2개 편성 12량(6량×2편성)의 전동차가 모두 불탔으며 192명이 사망하고 148명이 부상했다. 사고 뒤 열차는 불에 타 뼈대만 남았고, 중앙로역도 불에 탔다. 이 사건은 대한민국의 안전 불감증이 여전히 심각함을 적나라하게 드러낸 사건이다. 이 사고의 범인인 김대한(당시 57세)이 불을 지른 이유는 정신 지체로 생긴 판단력 상실 때문인 것으로 알려져 있다. 하지만, 지병으로 인한 울분을 방화로 토한 사건이라는 분석도 있었다. 출처: 다음 백과사전

서양 기독교인들이 자주 하는 기도 형식 중의 하나는 두세 사람씩 짝을 지어 하는 기도입니다. 전체 집회에서도 이런 형식으로 기도를 하는 경우가 많습니다. 사회자는 기도의 필요를 알리고 함께 기도할 것을 요청합니다. 그리고 주위에 있는 두세 사람과 한 팀으로 기도할 것을 부탁합니다. 주위에 앉아 있는 사람이 아는 사람일 수도 있지만 모르는 사람일 수도 있습니다. 그러나 그것에 신경을 쓰지 않고 소그룹으로 기도를 드립니다. 두세 사람이 함께 기도를 하다 보니 자연히 대화하는 식의 말투와 톤으로 하게 됩니다.

서양 사람들은 부르짖으며 하는 기도보다 친밀감을 위주로 하는 기도를 더 중시합니다. 자신의 기도 차례가 되면 차근차근히 드리고 싶은 기도를 하고 다른 사람이 기도를 하면 집중해서 함께 그 기도에 동참을 합니다. 이렇게 하다 보면 같은 제목의 기도라도 각양 다른 기도를 드리는 기도의 소리를 경청할 수 있고 더 익숙해진다면 하나님의 임재하심을 잔잔한 가운데 느낄 수 있습니다. 그러나 돌림기도는 때로 우리에게 도전적인 것이 될 수 있습니다. 팀원들과 돌림으로 기도를 하는 경우, 관계가 좋지 않은 팀원들과도 같은 그룹이 되어 서로 돌아가며 기도하게 되는 경우가 있는데 정말 힘이 듭니다. 관계가 많이 안 좋아 목소리도 듣기 싫은 팀원이라면 함께 앉아 있는 자체가 고통일 것입니다. 그렇기 때문에 소그룹으로 하는 기도는 배우는 것이 많고 내가 죽는 것을 경험하는 시간이 되기도 합니다. 그런데 하나님께선 가끔 이렇게 소그룹으로 나누어 기도하는 가운데 관계의 어려움이 있는 사람들끼리 같은 그룹이 되게 하십니다. 사실 이런 불편한 점이 있기 때문에 개인적으로 드리는 기도가 편하게 느껴지기도 합니다. 하지만 확실히 소그룹으로 나누어 기도하는 것은 유익한 점이 많습니다. 기도의 재미와 두세 사람이 함께 모여서 기도하는 기쁨을 느낄 수 있습니다.

한국집회에서는 이런 경우를 자주 보지 못했습니다. 교회가 대형화되어 가면서 옆에 앉아 있는 사람이 누구인지도 모르는 경우가 있어서 서로 "인사를 나누시겠습니다."라는 사회자의 멘트는 있어도 "같이 주위 사람들과 기도하세요."라고 하지는 않습니다. 소그룹으로 기도를 하게 되면 시간이 지루하지 않습니다. 10분, 20분이 너무 빨리 지나갑니다. 먼저 한 사람이 기도를 시작하면 그 기도에 꼬리를 이어서 대화하듯 기도를 하는데 이렇게 하다 보면 여러 사람의 기도 내용도 공감할 수 있게 되고 자신이 구하지 못했던 것도 알게 됩니다. 그리고 이렇게 대화식으로 기도를 하다 보면 기도가 한 사람 한 사람에 의해서 완성되어 가는 것을 볼 수 있습니다. 한 사람 한 사람이 벽돌 한 장 한 장 쌓는 작업인 것 같습니다. 그리고 영적으로 더 민감해진다면 상대방의 기도를 들으면서 그 사람의 영적인 상태도 대강 파악할 수 있게 됩니다. 그런데 이런 대화식 기도에 습관이 안 된 한국 사람들은 다국적 팀 선교사들과 대화식으로 기도할 때 힘들어합니다. 아마도 언어가 첫 번째 이유일 것입니다. 선교지 언어로 기도를 하거나 영어로 기도를 해야 하는데 외국어로 기도한다는 것은 언어 수준이 어느 정도 도달해야 가능한 것 같습니다. 그리고 한국 사람들끼리 대화식으로 기도를 하자고 해도 물 흐르듯 흘러가는 것보다는 긴 침묵으로 분위기가 어색해지는 것을 자주 느낍니다. 대화식 기도에 적극적으로 참여하면 은혜가 큽니다. 그러나 대화식 기도를 하는 동안한 번도 입을 열지 않는 팀원들도 있습니다. 모든 사람들이 이 기도에 참여를 해야 더 큰 은혜가 있는데 끝까지 참여하지 않는 팀원들이 여

럿 있다면 이 기도는 힘을 잃게 됩니다. 한편으로, 대화식 기도는 영적으로 심각한 문제가 있는 팀원이라면 참으로 동참하기 어려운 기도이기도 합니다. 마음이 열리지 않아 그저 앉아 있을 뿐입니다. 대화식 기도가 진행될수록 이렇게 참여하지 못하는 팀원들은 더욱 우울해집니다. 저도 이런 경우가 가끔 있어서 각자 통성으로 기도하기를 마음속으로 소망하지만 다국적 팀의 기도모임을 인도하는 다른 나라 선교사는 거의 매번 대화식 기도를 기도 중간에 넣습니다. 자기 자신의 영적 우울함을 박차고 일어나는 믿음과 결단이 있어야 대화식 기도에 적극 참여할 수 있습니다. 다국적 팀 사역을 준비하는 사역자라면 대화식 기도에 익숙해질 필요가 있습니다. 선교지 언어로 기도에 참여하고자 하는 용기도 필요합니다. 한국인들만 모였을 때 이 기도의 형식을 취해 보려고 노력을 많이 했지만 시간이 지나면서 자연스럽게 하지 않게 되었습니다. 대화식 기도를 통해서 많은 은혜를 경험하지 못했기 때문일 것입니다. 대신 '부르짖는 기도'는 시간이 지나도 변함없는 우리의 기도 방식이 되었습니다. 자라 온 신앙의 토양이 다르지만 국제 무대에서 당당히 다른 나라 선교사들과 기도하기 위해서는 두세 사람이 하는 기도도 익숙해져야 하고 대화식 기도에도 익숙해져야 할 것입니다.

　서양 선교사들은 기도가 매우 자연스럽습니다. 길 가다 잠시 서서 기도하기도 하고 모임 전에 서로를 위해서 부담없이 기도해 주는 것을 봅니다. 때로 사회자가 나이가 적은 연소자라고 할지라도 나이 많은 강사의 어깨에 손을 얹고 기도해 주기도 한다고 합니다. 한국에서라면 상상할 수도 없는 일이지만 서양에서는 가능하고 다국적 팀에서도 가능하다고 생각합니다. 기도는 영성이 더 많은 사람이 더 적은 사람에게 해 주는 것이 아니라 누구든 원하면 기도를 해 줄 수 있는 것이 다국적 팀의 분위기입니다. 젊은 선교사가 설교하러 나가시는 목사님과 잠시 만나서 개인적으로 기도해 주는 것은 거의 불가능한 것이 한국의 상황인 것 같습니다.

우리는 기도의 필요를 자주 다른 사람들에게 묻습니다. 성숙한 크리스천이라면 "요즘 무엇을 위해서 기도를 하고 있습니까?"라고 자주 묻게 될 것입니다. 한국인은 대부분 기도 제목을 묻고 집에 돌아가서 기도해 줍니다. 골방에서 기도해 주기도 하고 새벽 기도 등 기도시간에 기도를 요청한 사람을 위해 기억이 나면 기도해 줍니다. 그러나 다국적 팀에서는 분위기가 다릅니다. 길 가다가 잠시 이야기를 나누다가도 상대방의 기도 필요가 있으면 어떤 장소든지 가리지 않고 그 자리에서 눈을 감고 상대방을 위해서 기도를 해 줍니다. 기도해 주고 받는 것이 매우 자연스러운 분위기입니다. 당신이 만약 한국인이고 다국적 팀에서 다른 나라 선교사와 교제를 하다가 상대방의 기도 제목을 알게 되면 될 수 있는 대로 그 자리에서 기도를 해 주는 것이 좋습니다. 시간과 상황이 허락하는 한 말입니다.

한국식 기도 특징	서양식 기도 특징
간절하세 부르짖는 기도	진진하고 긴밀감을 유지히려는 목소리
무릎 꿇는 기도	대화식 기도(두세 사람)
금식기도	돌림식 기도
새벽기도	기도의 자유스러운 분위기[26]
축도	세계적인 기도 운동으로 이어져 감

26) 연소자가 연장자의 어깨에 손을 얹고 기도하기도 함. 길 가다가 멈추어 서서 상대방을 위해서 기도해 주기도 합니다. 기도가 대화처럼 자연스러운 것 같습니다.

중보기도

선교지에서 사역하다 보면 가끔 중보기도 팀과 만날 기회가 생깁니다. 한번은 미국인 중보기도 팀에 용기를 내어 찾아갔습니다. 제 영어 수준이 그리 높지 않아서 고민을 자세히 말하지는 못했지만 제가 가지고 있는 기도 제목을 나누었습니다. 나이 지긋한 기도 담당 목사님은 저의 이야기를 차근차근 들으셨고 미국인 특유의 조용조용한 목소리로 저를 위해서 기도를 해 주셨습니다. 그때 제가 내놓았던 기도 제목은 '열매가 많이 맺히게 하소서'였습니다. 그분은 아무런 조언이나 충고도 하지 않고 저를 위해 기도를 해 주셨습니다. 제가 만약 누구의 기도 제목을 듣는다면 기도해 주기 전에 그동안의 경험에서 나온 충고와 조언을 해 주고 싶은 열망이 강렬하게 일어났을 것입니다. 그런데 그분은 인생 경험과 사역 경험이 많음에도 불구하고 한 마디의 충고 없이 그저 제 이야기를 묵묵하게 들어주셨습니다. 이렇게 들어주는 것이 서양인들이 가진 장점들 중의 하나인 것 같습니다. 그분은 저와 언어적인 장벽이 있었음에도 성의 있게 제 이야기를 들어주시고 겸손하게 저를 위해 축복 기도를 해 주셨습니다.

비슷한 시기에 한국에서 온 중보기도 팀을 만날 기회를 갖게 되었습니다. 먼저 찾아가 간단한 이야기를 하고 그분들의 이야기를 들었습니다. 1시간을 약속하고 갔는데 그분들의 이야기를 35-40분 가량 들은 것 같습니다. 이야기의 주된 내용은 저와 아내의 기도 제목과 고충에 대한 충고와 격려들이었습니다. 중심에서 나오는 그분들의 충고에 감사를 하면서도, 기도를 하려고 왔는데 너무 많은 충고를 듣는 것이 아닌가 하는 아쉬움도 들었습니다.

중보기도는 능력이 많은 사람이 영적 은사가 상대적으로 적은 사람에게도 부탁할 수 있는 일입니다. 바울도 은사가 많음에도 불구하고 서신서를 통해 자신을 위해 기도를 해 달라고 부탁하였습니다. 하지만 전통적인 사회라면 이것은 불가능합니다. 연장자가, 그것도 대단한 능력의 소유자가 자기의 영적 아이들에게 기도를 부탁한다는 것은 보통 어려운 일이 아닙니다.

중보 기도자들은 자신들의 영적인 은사들을 나타내 보이려고 하지 말고 겸손한 마음으로 중보기도를 요청하는 사람을 위해서 기도를 해주어야 합니다.

그리고 중보기도 중에 알게 된 상대방의 비밀들에 대해서는 함구하는 것이 중보 기도자의 자세입니다. 상담을 하는 선교회 간사를 만났었는데 어떤 일이 있어도 상담자의 비밀을 지켜 주는 것을 보았습니다. 대강 어떤 종류의 상담을 했느냐고 물어도 여전히 함구하고 말하지 않았습니다. 중보 기도자들도 이런 자세가 필요합니다. 상대방의 비밀을 알게 되더라도 누설하지 않는 마음의 자세가 필요합니다. 또한 중보기도의 중요한 최종 목적은 내담자가 스스로 하나님께 나아가 기도를 회복하도록 돕는 것입니다.

영적 전쟁

다국적 팀과 기도영역을 나누다 보면 "요즘 사역지의 어떤 부분에서 '영적 전쟁'을 경험하고 있습니까?"라는 질문을 자주 받습니다. 그리고 때로 영적 전쟁에 대해서 보고해야 했습니다. 처음에는 사역지에서 영적 전쟁이 심한 부분을 나누라고 하는데 무엇을 나누어야 할지 전혀 감이 잡히지 않았습니다. 그러나 요즘은 그나마 통찰력이 생기는 것 같습니다. 흥미로운 것은 동일한 사역지라도 때에 따라서 영적 전쟁의 성격이 다르다는 것입니다. 상황에 따라서 다르고 영적 전쟁을 바라보는 사람의 관점에 따라 수시로 변하는 것이 영적 전쟁의 상황입니다. 때로는 현지인 사역자가 더 깊게 볼 수도 있습니다. 선교사들이 찾아내기 어려운 것들도 곧잘 찾아내곤 합니다. 제가 사역하는 지역은 우상숭배의 영이 강하게 자리 잡고 있었습니다. 처음에는 이러한 상황을 놓고 기도를 많이 했었는데 시간이 지남에 따라 돌출되는 다른 것들을 보았습니다. 어떤 시기에는 '거짓의 영'이 강하게 영적 전쟁 상황에서 두드러지게 나타나기도 했습니다. 그 주간이나, 그 달, 그 학기에 특별히 팀원들이나 사역에 '거짓의 영'이 방해하는 것을 경험했는데 우리는 그때 거짓의 영에 대해서 기도해야 한다는 것을 알게 되었고 이런 상황을 상부에 보고했습니다. 언젠가는 현지인 사역자가 특별히, 사역하는 지역의 사람들이 강퍅하다는 나눔을 하였습니다. 제가 보았을 때는 사역 시작 초창기나 그때나 사람들의 마음은 변함없이 강퍅한데 특히 심하다는 것을 현지인 사역자가 발견한 것입니다. 우리는 이러한 상황이 바로 그 당시 두드러진 영적 전쟁의 공격이라고 생각하고 대적하는 기도를 하면서 상부에 이런 상황을 보고했습니다.

사역지는 전쟁터라는 생각이 듭니다. 그리고 한 가지의 싸움이 있는 것이 아니라 수많은 다른 모습의 전쟁이 있습니다. 그때마다 우리는 더 분명히 적의 모습을 알고 기도해야 합니다. 깨어 있고 의식을 할 때만 사역지의 영적 전쟁 상황이 눈에 들어옵니다.

다국적 팀 사역이라면 특별히 더 많은 기도를 해야 하고 효과적인 기도를 해야 하며 모든 나라 사람들이 공감하고 쉽게 참여할 수 있는 기도를 해야 합니다. 우리의 기도 방식만을 고집하고 밀어붙여서는 안 됩니다. 1년 단기선교사들의 설문을 받아 보았는데 그 중의 한 분이 "너무 한국식의 기도를 현지인에게 강요하지 마세요."라는 의견을 냈습니다. 한국식 기도는 힘이 있고 열정이 있지만 모든 선교지 토양에 맞는 것은 아님을 염두에 두고 다국적 팀 사역에 임했으면 합니다. 그리고 1, 2년의 다국적 팀 사역 경험은 한국인 사역자들에게 많은 영향을 미치게 됩니다. 이런 경험을 가지고 한국에서 국제사역 스타일로 '기도'를 인도하려고 한다면 아마도 큰 효과를 거두기 어려울 것입니다. 한국에는 한국인 정서에 맞는 기도 방식이 있고 찬양 방식이 있습니다. 한국에서 지금 하고 있는 많은 기도의 형식들은 지금 한국의 상황에 잘 맞는 것들입니다. 그런데 기도의 방식도 찬양 방식처럼 바뀌는 것 같습니다.

1992년경 제가 사역하던 대학교에 '한사랑 선교회' 소속의 미국 여자 선교사가 찬양을 인도하러 왔습니다. 그 자매의 사역 방향은 '찬양'이었습니다. 그 당시 선교사가 한국에 와서 사역을 한다는 것은 매우 신선해 보였고 찬양 사역을 한다는 것도 매우 새로워 보였습니다. 그 자매의 주관으로 소강당에서 찬양 집회를 갖게 되었습니다. 팀원들 대부분은 한국인으로 구성되어 있었고 '리드 싱어'는 미국 자매가 맡게 되었습니다. 처음부터 분위기가 심상치 않았습니다. 그동안 우리는 앉아서 찬양을 드리는 것에 익숙해져 있었는데 그 찬양 인도자는 우리에게 모두 일어나서 찬양을 하자고 했고 참석한 사람들은 익숙하지 않은 분위기에서 찬양을 시작했습니다. 그렇게 찬양 시간이 흘러가고 있었는데 분위기가 어느 정도 익어 갈 무렵 신나는 찬양으로 노래의 유형이 바뀌었고 찬양 인도자는 "자 여러분, 여러분이 표현하고 싶은 대로 함성을 지르면서 찬양하세요. 와! 와!" 하고 선창하였습니다. 그러나 그 자매의 선창과 호소를 따라 함께 함성을 지르는 사람은 한 사람도 없었습니다. 함성을 지르면서 찬양을 한다는 것이 너무 어색한 때였습니다. 찬양을 인도하는 그 자매는 있는 힘을 다해 함성을 지르며 하나님을 찬양했지만 모인 한국 사람들의 함성은 입 안에서만 맴돌고 있었습니다. 힘들어 하는 자매의 모습을 언뜻 볼 수 있었습니다. 그리고 조금 지나서 더 놀라운 광경을 볼 수 있었습니다. 자매가 뛰면서 찬양을 하는 것입니다. 그러나 여전히 청중의 반응은 냉랭했습니다. 뛰면서 찬양하는 것을 본 적도 없고 경거망동이라고 생각했기 때문입니다. 매우 어색하기만 했습니다. 인도하는 자매도 청중의 반응이 영 신통치 않자 뛰던 것을 그만두고 서서 찬양하는 것으로 찬양 모임을 힘들게 이어 갔습니다. 그때 소강당에서 뛰면서 찬양했던 사람은 그 자매 혼자뿐이었습니다. 미국식의 분위기로 이끌어 가려고 했으니 잘 될 수가 없었습니다. 그러나 10년이 지난 지금은 젊은이들이 모이는 수련회에서 모두들 뛰면서 찬양을 합니다. 만약에 그 자매가 10년이 지난 뒤에 한국에 와서 사역을 했다면 신명이 나서 했을 것입니다. 찬양의 형식도 변하는 것을 봅니다. 기도의 형식도 어쩌면 점점 변해 갈 수 있을 것입니다. 흥미로운 것은 우리는 서양식을 많이 배우지만 서양 기독교인들은 우리식의 기도를 배우지 않는다는 것입니다. 조화를 이루어 가며 한국식의 기도를 넘어 세계식의 기도가 되도록 만들어 가야 할 과업은 현재를 살아가는 한국 기독교인들에게 주어진 일이라고 생각합니다.

찬양과 율동
다국적 팀 수련회를 하면서 찬양 시간에 느낀 것은 한국과 많이 달랐습니다. 주로 영어로 찬양을 드린다는 것도 매우 다른 부분이었지만 그 외에도 형식이나 인도하는 방식에서 다른 점을 발견할 수 있었습니다.

제 기억에 처음으로 다국적 팀 수련회 찬양 시간에 참여를 했을 때 찬양을 인도한 사역자는 서양 선교사였습니다. 그가 찬양을 인도하기 시작하자마자 누가 먼저라고 할 것 없이 모든 회중이 그 자리에서 일어나서 하나님을 찬양하고 경배했습니다. 제가 선교를 시작할 때만 하더라도 한국에서는 일어서서 찬양하는 것이 일반화되지 않았었습니다. 주로 앉아서 찬양 드리는 것에 익숙해 있었기에 30분 넘게 서서 찬양하는 것은 육체적으로 무척 힘들었습니다. 그런데 주위를 둘러보니 나이 지긋하신 서양 선교사들도 거뜬히 서서 찬양을 드리고 찬양을 통해서 역사하시는 하나님의 임재를 깊이 느끼고 계셨습니다. 물론 찬양하는 중간마다 앉기도 하셨는데 그것도 잠깐이고 '영광' 찬양이 시작되면 인도자가 말을 하지 않아도 하나 둘 일어나고 조금 지나면 모든 청중이 일어나 하나님을 찬양하는 모습을 보게 되었습니다.

일어서고 앉는 것은 주로 보이지 않는 사인에 의해서 진행이 됩니다. "앉아라!", "일어나라!"라고 말하지 않습니다. 분위기가 그렇게 흘러갑니다. 사회자는 최대한 하나님께 시간을 맡기고 분위기를 흐리게 하는 말은 하지 않습니다. 자연스럽게 물 흐르듯 찬양 시간이 진행됩니다. 서양 사역자들은 찬양 인도 시간이 하나님의 임재를 경험하며 자신의 모든 음악적 언어를 통해 하나님께만 영광을 돌리는 시간이라고 생각하는 것 같습니다. 사회자도 자주 눈을 감고 하나님께 그의 온 영과 마음을 맞추며 진행을 합니다.

찬양 인도자의 인도하는 목소리 톤도 조금 다릅니다. 최대한 낮고 잔잔하게 찬양 시간을 이끌어 갑니다. 마치 입에서 낮고 긴 주파수가 나와 회중의 모든 주파수와 하나가 되어 하나님께 올라가는 듯한 느낌이 듭니다.

그들은 주로 '찬양은 일어서서 드리는 것'이라는 의식이 있습니다. 서양인들이 최고의 극찬을 표시할 때는 앉아서 하지 않습니다. 모두 일어나서 그들의 존경을 표시합니다. 사역의 경륜이 아주 많은 사역자를 사회자가 소개를 하고 대부분의 청중이 소개된 사역자를 알고 있다면, 그 사역자가 나올 때 청중 스스로 일어서서 박수로 맞이합니다. 서양인들은 기립하며 박수를 보내는 것을 최고의 예우로 생각합니다. 그런 배경 때문인지 하나님을 경배하고 찬양할 때도 그들은 최고의 경배를 표현하는데 그것이 바로 기립하며 손을 들거나 박수를 치며 하나님을 찬양하는 것입니다.

한국에서는 찬양 드릴 때 잠깐씩 기립을 하고 앉습니다. 한국에서는 기립으로 박수를 치는 것이 최고의 예우라는 의식이 약한 것 같습니다. 유명한 강사가 왔다면 주로 표현하는 말이 '우뢰와 같은 박수' 이렇게 맞이하지만 일어서서 맞이하지는 않습니다. 앉아서 박수를 쳐도 이미 그 행동에는 모든 존경의 표시가 들어 있기 때문입니다.

찬양 곡을 선택하는 데도 조금 다른 면을 볼 수 있습니다. 서양인 사역자들과 찬양을 하다 보면 그 흔한 '축복송' 하나 없습니다. 한국인이 찬양을 인도한다면 거의 대부분 한두 곡 정도의 축복송을 부르며 서로를 격려하고 사랑을 표현하는 시간을 가질 것입니다. 그러나 지금까지 여러 번 서양인 선교사들과 함께하는 대규모 모임에 가 보았지만 참석한 사람들에게 두 팔을 벌려 축복의 마음을 전하는 노래를 하는 것을 들어 본 적이 없습니다. 가사의 대부분은 하나님께 맞추어진 노래를 하고 '영광', '거룩', '공의' 같은 하나님의 성품을 들어서 찬양하는 식으로 거의 대부분 하나님께 초점이 맞춰져 있습니다. 한국도 찬양 시간이 하나님께 맞추어진 시간이지만 가사 내용 중의 일부 혹은 많은 부분이 사람들에게 맞추어져 있기도 합니다. 서로를 격려하고 '힘을 내라.', '사랑받기에 충분하다.' 등등으로 말입니다. 서양인들의 찬양 방식은 거의 대부분 하나님을 향한 노래입니다. 사람을 향해 축복을 빌거나 격려하는 부분은 매우 적습니다. 한국과 서양의 찬양 방식이 잘 조화를 이루면 더욱 좋을 것 같습니다.

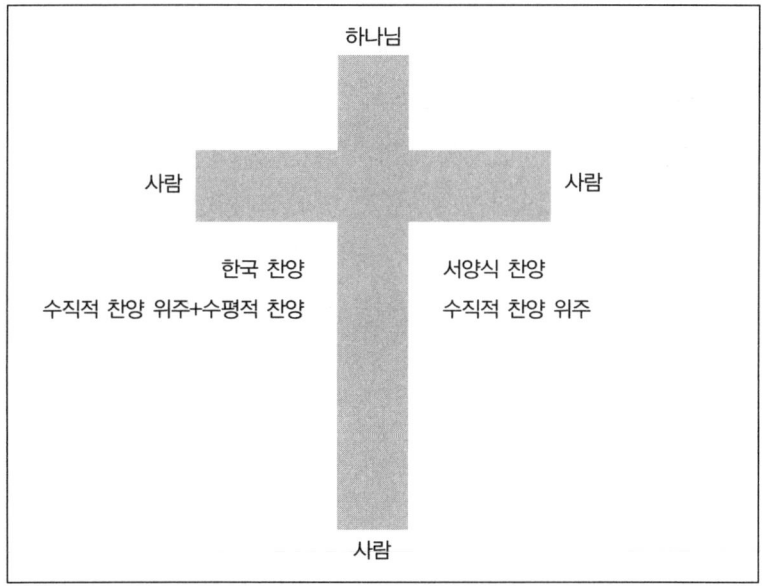

한국은 수평적 찬양의 형태와 수직적인 찬양의 형태 모두를 가지고 있습니다. 하나님께 경배와 찬양을 드리면서도 이웃을 축복하는

말들을 잊지 않습니다.

한국적인 찬양의 모습 가운데 빼놓을 수 없는 것이 율동입니다. 대부분 한국에서 개최하는 수련회에서는 율동을 하면서 하나님께 찬양을 드립니다. 아주 힘이 넘치는 율동부터 재미있는 율동까지 아주 다양한 율동을 볼 수 있습니다. 전 세계적으로 이런 식의 율동이 있는 줄 알았는데 선교지에서 보니 이것은 한국의 고유한 모습 중의 하나라는 것을 알게 되었습니다. 한국인 선교사가 찬양을 인도하게 되면 대부분의 경우 처음 시간은 율동 팀과 함께 율동으로 찬양을 하거나 회중과 교제를 하는 형태로 진행이 되고 어느 정도 시간이 지나면 율동 팀은 자연스럽게 퇴장을 하고 조금 더 진지하고 예배에 가까이 나갈 수 있는 찬양곡으로 찬양을 인도합니다. 외국에는 거의 이런 율동 문화가 없는 것 같습니다. 정말 독특한 한국의 찬양 문화 중의 한 모습이라는 생각이 듭니다. 서양인 선교사가 찬양 인도를 할 때는 한국식 율동을 하면서 인도하는 경우를 한 번도 보지 못했습니다. 한국을 제외한 다른 아시아 선교사들이 찬양을 인도해도 율동을 하면서 하지는 않습니다. 추측해 보기로는 그들도 서양의 찬양 방식을 대부분 받아들여서 하기 때문인 것 같습니다. 한국은 한국식의 독특한 것들을 만들어 내는 특성이 있는 것 같습니다.

율동을 하면서 찬양을 하다 보면 솔직히 하나님께만 집중하기는 어려운 것 같습니다. 그러나 주 안에서 누릴 수 있는 기쁨이나 즐거움을 충분히 나눌 수 있습니다. 율동하면서 하는 찬양 시간은 교제와 나눔, 그리고 권면, 위로 등의 성격이 강한 시간이라고 생각합니다. 율동을 하면서 찬양을 하는 시간에 서양인들도 기꺼이 참여를 하지만 그들이 평소 그들만의 찬양 시간에서 볼 수 있었던 깊은 묵상에 잠기는 모습은 온데간데없고 "유치원생들 발표회 같다."며 어색해 하면서 율동을 따라 합니다. 그들의 행동을 보면, 찬양 율동을 하나님께 드리는 찬양이라고 생각하기보다는 즐거운 시간 정도로 여기는 것 같습니다.

11

팀워크, 우정,
관계 발전시키기

다국적 선교사들로 구성되어 있는 팀이라
면 더 많은 대화와 자연스러운 분위기에서
알아 갈 수 있는 대화 주도적인 모임이 더
실효성이 있고 효과적입니다. 준언어적 방
법으로 서로를 알아 가고 교제하기보다는
언어적 방법으로 교제하고 알아 가야 할
것입니다.

팀워크, 우정, 관계 발전시키기

관계를 발전시킬 때, 다시 말해서 친목을 도모하기 위해서 한국 사람들이 하는 활동들에는 무엇이 있을까요? 한국 사람들, 특히 남성들은 친목을 도모하기 위해서 단연 스포츠 활동을 선호합니다.

스포츠

한국 남성들이 친목을 도모하기 위해서 가장 잘 사용하는 방법은 운동입니다. 특히 축구를 매우 좋아합니다. 축구 이외에도 농구(젊은 층), 족구, 볼링, 농구, 배드민턴, 등산 등등이 있습니다. 문제는 다른 나라 선교사들 중의 상당수가 이런 종류의 운동을 좋아하지 않는다는 것입니다. 족구는 한국 남자들만의 운동이 되었습니다. 축구는 한국 사람들 대부분이 좋아하지만 외국 선교사들은 별로 좋아하지 않습니다.

미국 선교사들은 미식축구는 좋아해서 시간이 허락되면 함께 즐기지만 축구를 함께하는 것은 거의 보지 못했습니다. 미국 선교사들이 미식축구만큼 좋아하는 것은 야구, 농구 등입니다. 특히 농구는 미국 선교사들의 전통적인 선교의 도구가 되어 왔고 지금도 사용되고 있습니다. 제가 사역했던 Q국은 야구가 거의 알려져 있지 않고 좋아하지도 않지만 주말이 되면 미국 사람이 포함된 현지인들 그룹이 야구 연습하는 것을 가끔 볼 수 있습니다.

볼링도 다른 나라 선교사들은 좋아하지 않습니다. 배드민턴은 그런대로 아시아권 선교사들이 함께할 수 있는 운동 중 하나라고 생각합니다. 그러나 서양 선교사들과 함께 하며 '친목을 도모하기 위한 효과적인 운동'을 찾는다는 것은 쉽지 않습니다. 그나마 아시아권 사람들과는 그런대로 가능합니다. 한국에서 한국 형제들이 '친목'을 위해 함께 주로 했던 '축구'는 선교지에서는 참 어색합니다. 그렇기 때문에 축구나 운동을 통해서 관계의 발전과 우정을 쌓아 가는 방법에 익숙해져 있는 한국 선교사들은 다른 방법을 찾아야만 합니다. 서양 선교사들과 친목을 다지기 위해 미식축구, 농구 등을 함께 할 수도 있을 것입니다. 또한 1박 2일 함께 야영하는 프로그램에도 참여할 수 있을 것입니다.

한번은 수련회를 하는데 운동회 시간이 한나절이나 잡혀 있었습니다. 여러 가지 종목으로 함께 운동 경기를 하는 것을 보았습니다. 운동경기마다 특색이 있었습니다.

1. 축구

한국 선교사들이 대부분이었고 미국 선교사들이 조금 있었습니다. 8개 팀으로 나누어서 시합이 벌어졌는데 가장 열심히 하고 잘하는 사람들은 한국 선교사들로 구성된 팀이었습니다. 그날 축구의 우승도 한국인 팀에게 돌아갔습니다.

2. 배구

모래밭에서 열린 배구 시합에는 다국적 팀이 참석했습니다. 미국인, 한국인, Q국인, 그리고 여성들이 함께했습니다. 승패를 떠나서 게임을 즐기는 재미있는 시간이었습니다.

3. 농구

농구장은 그야말로 미국 선교사들의 무대였습니다. 참석한 사람들 대부분이 미국 선교사들이었고 실력도 상당했습니다. 제가 소속되어 있었던 다국적 팀에서도 농구팀 한 팀을 내보냈는데 모두 미국 선교사들이었습니다. 그중에는 키가 2m가 넘는 선교사도 있었습니다.

4. 탁구

탁구장에는 아시아권 사람들이 대부분이었습니다. 서양인이 있기는 하지만 극소수였습니다. 역시 탁구는 동양인들이 좋아하는 운동인가 봅니다.

5. 골프

아직까지 골프는 돈이 많이 드는 귀족 운동이라는 선입견이 있고 실제로도 다른 운동에 비해서 돈이 많이 듭니다. 그래서 선교사가 골프를 한다는 것은 생각도 해 보지 않았습니다. 그러나 서양의 경우는 다릅니다. 운동회 프로그램 안에 골프가 포함되어 있을 정도입니다. 또한 서양 선교사들은 최대한 저렴한 가격 안에서 아주 자연스럽게 골프를 즐깁니다.

6. 미식축구, 접시 날리기

대부분 미국 선교사들이 즐기는 운동입니다. 용기 있는 동양인 선교사들은 그들과 함께하려고 시도하기도 합니다

7. 수영

수영은 모두가 즐길 수 있는 운동 중의 하나인 것 같습니다.

한인 체육대회

몇 년 전 제가 있었던 선교지에서 주재원들을 중심으로 한인 체육대회를 치르게 되었습니다. 시작하기 전 초등학교 학생들처럼 전체가 운동장에 모여서 한바탕 몸풀기 체조를 하고 한인회 회장님의 인사말씀을 들었습니다. 회장님의 말씀 중 주요 내용은 체육대회를 통해서 친목을 잘 도모해 보자는 것이었습니다. 국기에 대한 경례와 애국가 제창도 있었습니다. 여러 가지 프로그램으로 진행이 되었는데 여기서도 한국인의 축구 사랑은 대단해서 3시간 20분이나 진행이 되었습니다. 한 게임으로 충분할 텐데 2게임이나 편성해 놓았습니다. '그래! 어디를 가나 한국인의 친목 도모에는 축구가 최고구나!' 하는 생각이 들었습니다. 그렇게 몇 가지 게임을 하고 경품을 추천하고 끝이 났습니다. 그날 수백 명의 한국인들이 그 운동장에 모여 있었지만 서로 인사하거나 소개하는 모습은 거의 볼 수 없었습니다. 그저 운동회만 하였지 친목 도모를 위한 활동은 거의 없었던 것 같습니다.

만약 서양 사람들이 이런 친목 도모의 자리를 만들었다면 이런 식으로는 하지 않았을 것입니다. 더 많이 이야기할 수 있고 사람을 알아가는 프로그램으로 진행했을 것입니다. 게임은 필요에 따라 넣거나

뺐을 것입니다.

　제가 서양 선교사들이 계획하고 이끄는 수련회에 참가를 해 보면 운동의 비중은 아주 미미합니다. 운동회가 반나절 정도 잡혀 있기는 하지만 중요도는 높지 않습니다. 그 흔한 시상식도 없습니다. 일등을 해도 그것으로 그만입니다.

　한국 사람들은 친목을 도모하는 데 대화도 사용하지만 형제들은 대부분 운동을 더 선호합니다. 그렇게 자라 왔고 군 복무 기간을 거치면서 같은 운동에 참여해야 마음이 열리고 대화가 이루어지는 경험들을 했기 때문입니다.

　한국인은 운동이나 운동회를 좋아하는 것 같습니다. 외국에 거주하는 한국인들도 마찬가지입니다. 그럴 수밖에 없는 것은 우리가 집단주의 문화에서 자랐기 때문입니다. 운동회는 집단주의 교육의 현장입니다. 최준식 교수는 "미국에서는 초등학교에서 운동회를 한다는 이야기를 들어본 적이 없는 것 같다. 그러고 보니 운동회는 집단주의 문화권 혹은 전체주의 문화권에서만 하는 것이 아닌가 하는 생각이 들었다."라고 말합니다. 운동회는 집단주의적 혹은 전체주의 문화권에서 더 잘 발달되어 있다고 합니다. 해외 한인 사회에서 친목 도모를 위해 여는 체육대회는 한국인의 집단 의식을 확인하고 고취시키는 활동입니다. 우리는 하나라는 것을 확인함으로 이미 목적을 달성했다고 생각하는 것 같습니다. 1년에 한 번 만날 수 있는 중요한 운동회 자리에서 대화와 교제는 많이 하지 않는 것 같습니다.

　다국적 선교사들로 구성되어 있는 팀이라면 더 많은 대화와 자연스러운 분위기에서 알아 갈 수 있는 대화 주도적인 모임이 더 실효성이 있고 효과적입니다. 준언어적 방법으로 서로를 알아 가고 교제하기보다는 언어적 방법으로 교제하고 알아 가야 할 것입니다.

사례

J선교사는 선교지의 한 지역을 책임 맡고 있는 미국인입니다. 이분은 다분히 '일 중심', '목표 중심'의 성격을 가지고 계신 분입니다. 그분의 책임 지역에 한국 선교사 몇 분이 팀원으로 들어오게 되었습니다. 한국 선교사들은 지역 책임자와 상당히 먼 지역에 배치를 받고 사역을 하게 되었습니다. 지역 책임자로 있는 J선교사님은 한국 선교사들의 사역지를 방문할 계획을 세웠고 드디어 첫 방문을 하게 되었습니다.

이분의 목적은 사역과 팀을 점검하고, 격려하고, 방향을 제기하기 위함이었습니다. 그러나 처음으로 방문한 한국 팀 사역지에서 J선교사님은 목적을 이루지 못했습니다. 한국 팀은 이미 지역 책임자를 맞이할 준비를 마쳐 놓은 상태였습니다. 한국 리더를 모시는 것과 같은 프로그램으로 이틀의 시간을 마련해 놓았습니다. 식사도 하고 함께 볼링장에 가서 많은 시간을 보냈습니다. 한국적인 생각으로 식사도 하고 함께 볼링도 치면서 놀았으니 충분하다고 생각했습니다. 사역에 대한 이야기는 부수적인 요소가 되어 버렸습니다. 한국 팀도 외국인 리더를 맞는 것이 처음이었고 그 미국 리더도 한국인 팀원을 맞는 것이 처음이었기 때문에 서로 생각이 달랐습니다. 주파수가 맞지 않았습니다.

후에 J선교사님은 말씀하시기를 "볼링 치고 노는 것도 좋지만 사역에 대한 나눔을 더 많이 했으면 좋겠다."라고 말씀하셨습니다. 아마도 그 팀의 한국 선교사들이 생각할 때 '볼링만 치고 사역 이야기를 안 한 것도 아닌데 왜 그러시지?' 할 수 있겠지만 그 미국 선교사가 보기엔 많은 것이 부족했습니다. 한국 선교사들은 충분한 시간을 가졌다고 생각할 수 있지만 다국적 팀과 일할 때는 그보다 더 몇 배의 시간을 들여서 대화의 시간을 가져야 합니다. 그것을 요구하는 것 같습니다.

친목과 커뮤니케이션 방식의 차이

남성

한국인			서구인		
주		준언어적 활동[27]	주		언어적 활동
	예	운동, 각종 게임-카드 등		예	식사, 대화
부		언어적 활동	부		준언어적 활동
	예	식사, 대화, 쇼핑 (컴퓨터 등)		예	운동, 각종 놀이

여성

한국인			서구인		
주		언어적 활동	주		언어적 활동
	예	대화, 식사, 쇼핑		예	식사, 개별대화, 그룹대화
부		준언어적 활동	부		준언어적 활동
	예	운동, 놀이		예	운동, 카드 게임, 놀이

....

27) "이 같은 일련의 성향은 한국인으로 하여금 비언어적 자기 표현에 능숙하게끔 하였다. 곧 몸짓으로 말을 잘한다. 언어 메시지란 바로 신체 메시지의 대체요, 발전 단계인 것이다. 그러기에 지금도 최대의 적대 행위나 최대의 애정 행위 등 감정의 순수한 극치에서는 언어가 필요없다." 이규태, 「한국인의 의식구조 1」, 신원문화사, 1983, p166.

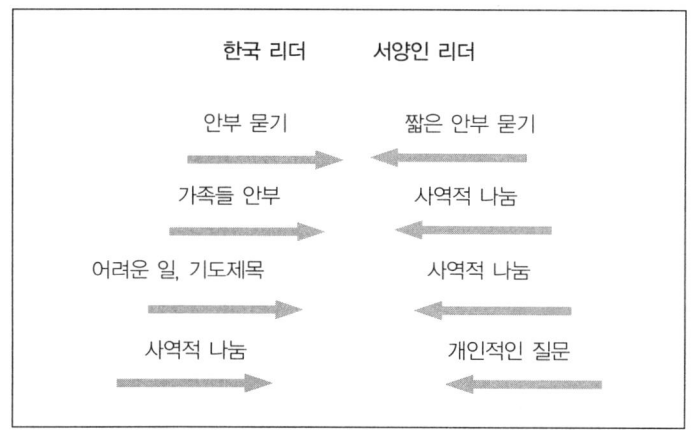

건강한 팀워크를 위한 노력

다국적 선교사들과 팀을 이루어 사역할 때는 리더자의 '권위'에 의해서 팀 사역이 진행되는 것이 아니라 '목적이 이끄는 팀'이 됩니다. 권위로 사역 팀을 이끌었던 사역자라면 목적이 이끌어 갈 수 있도록 권위를 내려놓고 팀을 이끌려고 할 때 큰 고통이 따를 것이 틀림없습니다. 공통된 비전을 제시하고 팀원들이 능동적으로 참여할 수 있도록 하기 위해서 무엇보다 중요한 요소가 팀워크입니다. 건강한 팀워크를 유지하기 위해서 다국적 팀 선교사들은 많은 시간과 재정의 투자도 주저하지 않습니다. 특히 팀워크를 위한 다양한 프로그램을 사용합니다. 한국인만 모여도 다양한 유형의 성격을 가진 사람들이 모이기 때문에 서로 이해하려는 노력이 필요하듯 살아 온 배경이 완전히 다른 해외 선교사들과 협력하는 데는 서로의 기질이나 성격을

28) 선교지에서 제가 경험했던 리더 스타일입니다. 일반화될 수는 없다고 생각합니다.

이해하는 것이 필수입니다. 사용해 보았던 프로그램은 MBTI, DISK, 애니어그램, 그리고 버크만 테스트 등등이 있습니다. 사역 속에서 팀원들을 이해하고 건강한 팀을 만들어 가도록 매우 분석적이며 실제적으로 돕는 것은 단연 버크만 테스트[29]라고 생각합니다. 돈을 지불하고 받는 테스트지만 버크만 테스트 이후 코치를 받으면, 팀원들의 사역 가운데 나타나는 성향이 거의 파악되고 서로 다른 성향들이 만났을 때 어떠한 현상들이 나타나는지 등등에 대해서 매우 자세하게 이해할 수 있습니다. 또한 자신의 약점과 강점을 다각적이고 시각적인 데이터를 통해 분명히 알 수 있습니다.

리더는 건강한 팀워크를 만들기 위해서 애를 씁니다. 건강한 팀워크는 다국적 팀이 목적에 따라 힘 있게 달려갈 수 있는 아주 좋은 토양을 제공합니다.

다국적 사역자들을 어느 정도 이해하고 시너지 효과를 내기까지는 이론과 함께 현장에서 직접 접촉해 보는 일정 시간의 경험이 꼭 필요합니다. 팀워크를 위해 마지막으로 강조하고 싶은 것은 부단한 '대화'입니다. 대화만큼 좋은 방법은 없는 것 같습니다. 덧붙여 마크오 일본 선교사는 다국적 팀원들과 '추억'을 많이 만들라고 충고합니다.

---

29) www.birkman.com

12

스킨십

단기 선교를 다른 나라로 가게 된다면 특
히 더 조심해야 합니다. 신체접촉이 아주
보수적인 나라로 선교여행을 가거나 다국
적 팀의 일원으로 선교하러 가게 된다면
더욱 신중해야 합니다.

스킨십

한국 선교사들은 이성을 대할 때 보수적인 성향이 비교적 강한 편입니다. 그런데 어찌 된 일인지 몇몇 외국 선교사들은 한국 팀 안에서 이성 간의 스킨십이 눈에 거슬릴 정도로 적극적이라는 말을 합니다.

홍콩에 단기선교를 떠난 한국 단기선교 팀이 홍콩 사역자들에게 남겨 준 인상 가운데 하나는 자매와 형제가 너무 쉽게 신체 접촉을 한다는 것입니다. 손을 잡는다거나, 어깨를 친다거나, 자매가 형제의 어깨를 안마해 준다거나, 심지어는 자매의 히프를 치는 경우도 있었다고 합니다. 한국 지체들은 서로의 신체를 터치하는 것을 어렵지 않게 생각하는 것 같다는 말을 들었습니다. 그러나 일상 생활 속의 이런 모습은 선교지 사람들에게 문화 충격을 줄 수 있다는 것을 기억해야 합니다.

비교적 스킨십이 자연스럽다고 생각되는 서양 형제 자매들도 이 영역에서는 철저히 선을 그어 놓고 있는 것을 봅니다. 외국 선교사들이 표현하는 스킨십은 인사로 하는 가벼운 포옹 정도입니다.

스킨십에 대해서 평소 문제 의식을 가져 보지 않은 한국 선교사들이라면 곰곰이 다시 한 번 생각해 보길 바랍니다.

단기선교를 다른 나라로 가게 된다면 특히 더 조심해야 합니다. 신체접촉이 아주 보수적인 나라로 선교 여행을 가거나 다국적 팀의 일원으로 선교하러 가게 된다면 더욱 신중해야 합니다.

그런데 한국인들이 외국인을 불편하게 만드는 스킨십이 있다면 외국 선교사들, 특히 서양 선교사들이 우리 나라 선교사들에게 불편함을 주는 스킨십도 있습니다. 그들은 부부 사이나 교제하는 커플들로, 자연스럽게 스킨십을 합니다. 서양 선교사 부부는 모임 중에도 스킨십을 자연스럽게 나눕니다. 동양 선교사들은 부부 사이라고 할지라도 공공 장소에서는 스킨십을 쉽게 나누지 못합니다. 그러나 서양 선교사들은 심지어 예배 중에도 다른 사람들 시선을 의식하지 않고 가볍게 '키스'까지 나눕니다. 저는 처음 이 광경을 보았을 때 까무러쳐 넘어지는 줄 알았습니다. 해도 너무하지 않나 하는 생각이 들었습니다.

서양 선교사들이 동양에 와서 사역을 한다면 동양 사람들, 특히 기독교인들은 공공 장소에서 하는 스킨십에 대해 불편한 마음을 가질 수 있다는 것을 염두에 두어야 합니다.

서양 선교사도 교제하는 경우 어깨에 손을 올려놓는 등의 가벼운 스킨십을 쉽게 하는 것 같습니다. 평소라면 그나마 이해를 하겠지만 모임 중이나 예배 중에 그런 경우가 있는데 참 불편함을 느낍니다.

또한 특이하게, 선교사들의 문화 배경에 따라서 Q국 형제 자매들도 영향을 받습니다. Q국은 아시아 국가임에도 불구하고 서양 선교사들의 제자들이라면 교제하는 형제와 자매가 예배 중에도 자연스럽게 어깨에 손을 올려놓습니다. 그러나 한국 선교사들의 제자들은 한국 선교사들이 하는 행동을 그대로 배우기 때문에 적극적인 표현은 하지 않습니다. Q국에 맞는 표현이 어떤 것인지 고민해 보아야 합니다. 한국적인 것도 아니고 서양식 표현도 아닌 Q국만의 표현은 어떤 것인지, 작은 부분이지만 깊이 있게 생각해 볼 필요가 있습니다.

13

식습관, 음식

한국 사역자들은 다른 사람의 말에 더 많이 귀를 기울일 필요가 있습니다. 외국 선교사와 함께 식당에 가게 되면 으레 그들은 무엇을 먹을지 물어봅니다. 그들이 그 식당에 자주 와 봐서 무엇이 맛있는지 훤히 알고 있어도 시간을 가지며 우리에게 무엇을 먹을지 먼저 물어봅니다. 우리가 주문을 주저하거나 망설인다면 그때서야 "이 식당은 이런 저런 것들이 맛있습니다."라고 조언을 해 줍니다. 우리는 '알아서 해 주겠지.'라고 생각하지만 그들은 '알아서 해라.' 하는 것입니다. '알아서 하고 책임은 당신이 져라.'라는 식의 사고 방식이 서양식 사고 방식입니다. 그러나 한국식은 "알아서 해 주세요."라고 말하고 결과가 나쁘면 책임을 '내'가 아닌 다른 사람에게 넘기는 습성이 있습니다.

식습관, 음식

    식습관과 문화 그리고 사역과의 연관 관계까지 다국적 선교사들 관계 속에서 만날 수 있는 상황들에 대해서 소개하고 싶습니다.

    한국 음식은 단연 세계 최고의 음식이라고 확신합니다. 불고기와 너무도 유명한 발효 식품인 김치, 세계 곳곳에서 일본, 중국 식당만큼 이나 쉽게 만날 수 있는 한국 식당, 혹은 한국 음식은 한국 음식이 이 미 세계적인 음식들로 이름을 내기 시작했다는 반증이라고 생각합니 다. 분명 한국 음식은 매우 톡특하고 선조들의 과학과 경험이 묻어 있 는 세계적인 것이지만 식습관은 아직 개선해야 할 부분이 있습니다. 다국적 선교사들과 함께 생활하다 보면 그것을 쉽게 발견할 수 있습 니다. 문화가 비슷한 동양 선교사들과는 식습관에서도 한국과 공통점 을 쉽게 발견하기도 합니다. 그러나 서양 선교사들과는 식습관이 다 르다는 것을 알게 됩니다. 문제는 서양식 식습관은 어느 나라에서도 통용될 수 있을지 모르지만 한국적인 것은 반드시 그런 것은 아니라 는 점입니다. 한국적인 것이 세계적인 것이 되기 위해서는 어느 정도 식습관을 바로 잡는 작업이 필요하리라 생각합니다. 다음은 조선일보 에 나와 있는 한국인의 식습관에 관한 기사입니다.

지난 5월 식품의약품안전청은 가정과 식당에서 무심코 행하는 비위생적인 습관 8가지씩을 선정, 발표했다. 이 중에는 우리 나라 고유의 식생활 문화인 '찌개나 국 함께 떠먹기'도 포함돼 있다. 찌개나 국을 여러 사람이 함께 떠먹으면 각종 균이 옮겨질 수 있으므로 피해야 한다는 것. 경상북도는 한 발 더 나아가 찌개나 국을 먹을 때 각자 분량만큼 국자로 덜어 먹자는 '국자 사용하기' 운동을 펼치고 있다. 경북은 올 들어 도내 1,500여 곳의 일반 음식점에 국자 1,500개와 그릇 3,000여 개를 지급하는 등 이를 위한 예산을 따로 책정하기까지 했다. 찌개나 국을 함께 떠먹으면서 정담을 나누는 것을 우리 고유의 미풍양속으로 여기는 사람들에게는 다소 야박하게 들릴지도 모르지만 이 운동은 상당히 성과를 올리고 있다. 우리 나라 사람들에게 유독 위암 발생률이 높은 것은 찌개·국 함께 떠먹기, 술잔 돌리기 등 한국인 특유의 음식 문화에서 비롯된다는 지적이 점차 설득력을 얻고 있기 때문. 실제로 우리 나라 국민의 70~80% 이상은 1994년 세계보건기구(WHO)가 지정한 주요 위암 발병의 원인균으로도 지목되는 헬리코박터균에 감염돼 있는 것으로 나타났다. 그렇다면 식습관과 질병의 상관관계는 어느 정도일까? 전문가들은 식습관이 질병 발생과 상당한 상관관계를 보이고 있다고 입을 모은다. 특히 암의 30~40%는 식습관 등 식품과 밀접한 관련이 있는 것으로 밝혀지고 있는데 이는 흡연과 거의 맞먹는 수치다. 신명희 성균관대학교 의과대학 교수는 "최근 역학적 연구결과들과 지역 간 암발생률을 비교 분석해 보면 암 사망의 35%가 식품 및 식습관에 원인이 있는 것으로 나타났다."면서 "이를 바꿔서 표현하면 식생활 문화만 바꿔도 암의 35%는 예방할 수 있다는 얘기가 된다."고 강조했다.

성인 헬리코박터 감염률 70~80%

일반적으로 음식이 어떤 경로로 암을 유발시키는지에 대해서는 논란이 분분하다. 식중독처럼 당장 증상이 나타나는 것도 아닌데다 개체별로 평소에 무엇을 얼마나 먹는가를 알아야 하는 식습관 측정이 어렵기 때문. 더욱이 음식물에 따라서는 특정 장기에만 선택적으로 발암물질을 만들어 내는 복합적인 메커니즘을 보이기도 한다. 예를 들어 땅콩에 생긴 곰팡이에서 만드는 아플라톡신과 마가린의 착색제로 쓰이는 색소는 간장에서만 선택적으로 발암물질을 일으키고 지방은 유방암 발생과 상관관계가 높은 것으로 확인되고 있다. 발암 메커니즘은 복잡하지만 암 예방을 위한 식생활 실천은 의외로 간단하다. 안윤옥 대한암협회 회장(서울대학교 의과대 교수)은 "섬유질이 풍부한 야채나 과일을 충분히 섭취하는 것은 기본이고 자극적이고 매운 음식 섭취, 고칼로리·고지방식, 불규칙적인 식사, 간편식 선호 등 잘못된 식습관만 교정해도 어느 정도 암을 예방할 수 있다."고 말한다.

일찍이 미국의 미첼 게이너 코넬대 박사도 "안전띠가 교통사고의 치명적인 피해를 예방하듯 적절한 음식 섭취는 가장 효과적인 항암법"이라고 역설한 바 있다. 우리 나라 성인의 헬리코박터 감염률은 70~80%로 세계 최고 수준이다. 안윤옥 대한암협회 회장은 "유아의 감염률이 아주 미미하다가 10세 이후부터 성인 수준인 80%로 급증하는 양상을 보이고 있다."고 지적하고 "감염 경로는 확실히 규명되지 않았지만 한 가족이 비슷한 수치의 감염률을 보이는 '가족 집적성'의 특징이 있는 것으로 보아 국물이나 찌개를 같이 떠먹거나 같은 환경에서 생활하는 것이 영향을 미치는 것으로 추정된다."고 설명했다.[30]

다른 여러 나라 선교사들과 식사를 하면서 그들의 식사 문화에 대해서 이해를 하게 되고 우리 나라의 식사 문화에 대해서도 잘 이해할 수 있게 되었습니다. 가장 처음, 먹는 것에 대해 새로운 의식을 갖게 된 것은 일본 단기선교 기간이었습니다. 1992년에 처음으로 단기선교를 갔는데 가기 전에는 '뭐 배울 게 있을까, 열심히 전도하고 와야지' 하는 마음이었습니다. 그러나 그곳에서 많은 것을 배울 수 있었습니다. 그들의 신앙의 순수함과 충성심에는 절로 고개가 숙여졌습니다. 생활 습관에도 다른 점을 많이 발견할 수 있었는데 그 당시 가장 큰 문화 충격은 그들이 쓰레기 분리 수거를 하는 모습이었습니다. 당시 우리 나라는 쓰레기 분리 수거가 실시되고 있지 않은 상황이었기 때문에 우리는 음식을 준비하고 별 생각 없이 음식물 쓰레기와 일반 쓰레기를 분리하지 않고 한곳에 버렸습니다. 며칠을 지켜보던 일본 교회 집사님들이 우리를 위해서, 사전을 찾아 가면서 서툴게 쓴 글씨를 쓰레기통에 붙여 놓았습니다. '타다 쓰레기' '안 타다 쓰레기' 라고 붙여 놓았는데 우리는 금방 이 말이 무슨 뜻인 줄 알았습니다. '아! 타는 쓰레기는 이곳에, 타지 않는 쓰레기는 이곳에 넣으라는 말이구나!' 라는 것을 말입니다. 그 당시 이런 사소한 것까지는 준비하지 못하고

---

30) 김연주, [술잔 돌리기, 국 함께 떠먹기 고쳐야 암 줄인다], 조선일보, 2004. 10. 14 22:11

떠났던 일본 선교였습니다. 음식을 함께 나누면서 우리와 다른 여러 가지 모습을 발견할 수 있었습니다. 음식을 모두 조금씩 덜어서 준비된 자기 접시에 가져다 놓은 후에 먹는 것이었습니다. 국도 함께 먹지 않고 각자 조금씩 덜어서 먹는 것이었습니다. '위생에 지나치게 신경을 쓰는 것 아니야?' 라는 생각이 들 정도로 나에게는 다소 충격적인 모습이었습니다. 당시에는 우리 음식 문화에 대해서 비판적인 눈을 가질 수 있는 비교 대상이 저에게는 없었습니다. 그러나 일본 단기선교를 통해서 음식 문화에 대한 객관적인 눈을 가지게 되었습니다.

다문화 사역자들과 사역을 하면서 우리의 음식 문화에 대해서 더 잘 볼 수 있는 기회를 가질 수 있었습니다. 서양인들은 철저히 개인 식기를 사용하며 식사를 합니다. 개인 접시, 개인 밥그릇, 개인 국그릇을 사용하며 절대로 탕을 같이 먹지 않습니다. 전용 국자를 이용해서 자신이 먹을 만큼 떠다가 먹습니다. 하지만 한국인은 다 함께 먹는 식습관을 갖고 있습니다. 찌개도 하나로 두고 먹습니다. 반찬도 따로 놓고 먹는 법이 없습니다. 서양인들이 보았을 때 이렇게 같이 먹는 것은 비위생적이라고 생각할 것입니다. 어떻게 자기의 입에 들어갔던 숟가락을 여러 사람이 먹는 국 그릇에 아무렇지 않게 넣어 먹을 수 있을까라고 생각할 것입니다. 타액을 서로 조금씩 나눠 먹으며 식사를 하는 것이나 다름이 없습니다. 반찬도 마찬가지입니다. 한 반찬을 여러 사람이 각자의 젓가락으로 뒤적이며 먹는 것은 비위생적일 수밖에 없습니다.

한국에서는 전통적인 음식 문화이지만 다국적 선교사들과 교제하는 가운데서는 반드시 바뀌어야 할 부분입니다. 한국은 B형 간염 보균자가 7-10%입니다. 감염 경로가 전적으로 이러한 식습관과 관계

있다고 말하기는 어려워도 상당 부분 관련이 있습니다. 열 명 중에 한 명이 간염 보균자라면 심각하게 우리의 식습관을 고려해 보아야 합니다.

물론 우리가 선교사로 선교지의 사람들과 식사할 경우에는 그들의 문화를 따라 주어야 합니다. 그들이 먹는 것을 먹어 주어야 하고 그들이 사용하는 식기를 사용해야 하고 그들이 먹는 방법을 따라 주어야 합니다. 그러나 여기서는 다국적 선교사들과 식사할 때 생기는 문제에 대해서 생각해 보고 싶습니다.

서양 사역자들을 초대하려고 한다면 위에서 말했던 점에 신경을 써야 합니다. 검소한 뷔페 형식으로 서양 사역자들과 함께 식사를 한다면 별 문제가 없을 것이라고 생각합니다. 하지만 식사 중에 그들에게 먹어 보라고 음식을 집어서 밥에 올려 주는 행동은 삼가해야 합니다. 자신이 먹을 만큼만 먹을 수 있도록 해야 합니다. 서양인들은 체면에 구애받지 않기 때문에 먹을 만큼 충분히 먹을 것입니다. 그들은 Yes와 No가 분명합니다. 동양인이라면 다릅니다. 특히 한국인이라면 약간 체면을 차려 가면서 충분하지 않은데도 숟가락을 놓곤 합니다. 그리고 우리 식사 문화 중의 한 가지 특이한 점은 이미 배가 부르다고 해도 강제로 더 권하는 경우입니다. 이것이 우리의 정이기는 하지만 이런 식의 권유를 난감해 하는 다국적 선교사들이 있습니다. 동양인 사역자인 경우 한두 번 더 권해 보는 것은 좋을 것입니다. 그리고 상황과 상대방에게 익숙해져 있는, 친분이 있는 동양인 사역자라면 음식을 집어서 밥에 올려놓는 것도 크게 예의에서 벗어나진 않을 것이라고 생각합니다.

당도 높은 음식

서양인들에게 크리스마스는 우리의 구정이나 추석만큼 중요한 절기입니다. 이 즈음 되어 초대받아 서양 사역자의 집에 갔었던 적이 있습니다. 음식에 한껏 멋을 내어 먹음직하고 보기 좋게 식탁이 차려져 있었습니다. 간단히 식사 기도를 하고 함께 식사를 하게 되었는데 서양인 사역자가 차려 놓은 음식의 한 가지 특징을 발견할 수 있었습니다. '당도가 높은 음식이 많았다.' 는 것입니다. 설탕을 많이 사용하는지 대부분의 음식이 매우 달았습니다. 그리고 매운 것은 거의 볼 수가 없었고 그렇다고 짠 음식도 찾아보기가 어려웠습니다.

미국인이 초창기에 아시아 선교지에 와서 가장 그리워했던 음식이 바로 '초콜릿' 이었다고 합니다. 초창기에는 미국에서 소포로 초콜릿이 오면 미국 사역자들은 그것을 아주 작은 조각으로 나누어 먹으면서 향수를 달랬다고 하더군요. 단 음식을 아주 좋아하는 미국인, 서양인인 것 같습니다. 당신이 만약 수고하는 서양인 사역자들에게 마음을 표현하고 싶으면 초콜릿을 선물해도 좋을 것입니다.

음식 주문 습성, 그리고 사역

음식을 시킬 때 한국 사람들에게는 독특한 특성이 있다는 것을 발견합니다. 한국인들은 자신의 의사를 자신있게 표현하지 못하거나 자기 의견 없이 분위기에 따라서 음식을 주문하고 때로는 막연하게 주문하는 것을 봅니다. 식사 시간이 되어서 한국인 사역자가 도시락 주문을 다른 사람에게 부탁하는데 "알아서 시켜 줘!"라고 말하는 것을 자주 들었습니다. 그리고 더 당황스러운 것은 "알아서 맛있는 것으로 시켜"라고 말할 때입니다. 알아서 시키는 것도 어려운 일인데 무엇이 그 사람에게 맛있는 음식인지는 정말로 알기가 어렵습니다. 그러나 이러한 대화는 한국인인 나부터 시작해서 한국인의 일상 생활에서 자주 접하는 표현이며 한국 사역자가 음식을 주문할 때 종종 드러내는 습성 중의 하나입니다.

다국적 선교사 팀 속에서 음식을 주문할 때는 자신의 의견을 분명히 표현해야 합니다. 만약 한국인 선교사가, 주문을 받는 다른 나라 선교사에게 "알아서 도시락 시켜"라고 주문한다면 팀원은 굉장히 난감해 할 것입니다. 아마 곧바로 다시 세밀하게 물어볼 것이 분명합니다. 서양인들이 레스토랑 같은 곳에서 음식을 주문할 때는 아주 세밀한 것까지 요구한다고 합니다. "양파를 빼고", "후추를 더 넣고", "고기는 중간으로 익히고" 등등.

또 한 가지 재미있는 것은 만약 알아서 사 오라고 해서 음식을 사 오면 "맛이 없다.", "왜 이런 것을 사 왔느냐?"라는 식으로 핀잔을 준다는 것입니다. '결정도 다른 사람에게 시키고 책임도 다른 사람에게 묻는' 것을 음식 주문하는 과정 속에서 발견합니다.

다국적 팀 사역 속에서는 자신의 요구를 분명히 해야 합니다. 음식을 주문하는데 "아무거나"라는 식의 대답은 안 됩니다. 최소한 무엇이 맛이 있는지를 듣고 자신의 입장을 분명히 밝혀야 합니다. 무엇을 먹고 싶은지, 어떤 식으로 만든 것을 먹고 싶은지, 가격대는 얼마가 괜찮은지 등을 분명히 알려야 합니다. 음식 주문 속에서 발견되는 한국 사역자의 습성은 사역에서도 그대로 드러나는 경우가 종종 있습니다. "알아서 해!", "눈치껏 해야지!"라고 하는 경우가 있는데 만약 팀원이 외국 선교사라면 엄청나게 스트레스를 받을 수밖에 없습니다. 그리고 팀원이 스스로 알아서 했고 잘했다면 '칭찬' 하거나 '격려' 하는 말보다는 '침묵'하는 경우가 많은 것이 전통적인 한국 리더십의 모습입니다. 그러나 "알아서 해!"라고 지시하고서 마음에 들지 않았다면 질책이 따를 가능성이 많습니다.

우리 문화는 눈치껏 해야 하는 문화이고, 알아서 해야 하는 문화, 구체적인 지시가 없음에도 윗사람의 마음을 헤아려 일해야 하는 문화라고 생각합니다. 이규태는 『한국인의 의식구조 1』에서 "우리 한국의 가정이나, 직장이나, 사회는 이 말없는 통찰의 의사소통이 말로 하는 의사소통의 분량보다 한결 많다는 점에서 특수성을 찾아볼 수 있다."고 말했습니다.[31] 통찰이라는 것은 눈치와 관련되어 있습니다. 한국인은 상사가 한마디 하면 모든 것을 짐작하고 알아서 해야 하는 의식구조를 갖고 있다는 것입니다.

"알아서 해!" 그렇게 말을 했으면 알아서 하도록 내버려 두고 결과도 맡겨야 되는데 그렇지 않습니다. 일하는 방식에는 '과정주의'와 '결과주의'가 있는데 한국인은 '결과주의'에 가깝다고 이규태는 주장합니다. 그런데 미국인 리더를 섬기다 보면 아주 작은 것까지 세밀하게 일러 주고 도움을 주는 경우가 많습니다. 결과에 도달하기 위해 취해야 할 세세한 방법을 제공하며 도와주려도 합니다. 어쩌면 미국인, 북미인들은 '결과주의자'라기보다는 '과정주의자'일 것입니다. 그들은 과정을 매우 중시합니다. 중시할 수밖에 없는 이유는 좋은 결과를 얻기 위함입니다. 과정과 결과 모두를 중시하는 것이 서구, 북미인들의 의식구조인 것을 사역하면서 경험하게 됩니다.

---

31) 이규태, 「한국인의 의식구조 1」, 신원문화사, 1983, p205.

음식 선택의 주도권

한국에서는 윗사람[32]과 식당에 가게 되면 많은 경우에 음식을 주문하는 권한이 윗사람에게 위임됩니다. 아랫사람들의 취향이나 기호를 묻지 않고 "이 음식으로 통일해 주세요."라고 합니다. 아랫사람의 의견을 묻지 않습니다. 식당을 선택할 때도 어떤 종류의 음식을 먹을 것인지 묻지 않고 무작정 모시고 갑니다. 나도 비슷한 실수를 해 보았는데 아랫사람이 아니라 웃분에게 실례를 범했습니다. 제가 선교 사역하고 있는 지역에 한국 선교사님께서 방문하셨습니다. 대접하고 싶은 마음에 "맛있는 음식이 있습니다. 제가 모시죠."라고 하면서 모시고 갔습니다. 제가 먹어 본 면 중에 가장 맛있는 '면' 음식을 푸짐하게 대접했습니다. 방문하신 선교사님도 맛있게 드시는 듯했습니다. 그러나 다음날 그 선교사님이 면을 좋아하지 않는다는 사실을 알게 되었습니다. 면을 먹고 나면 장에 탈이 난다는 사실도 다음날에야 알게 되었습니다. 저의 의식 속에는 '내가 좋아하는 것은 다른 사람도 좋아할거야!' 라는 고정관념이 있었던 것 같습니다. 상대방에게 묻지도 않고 음식을 주문했던 것이 매우 부끄러웠습니다. 그 한국 선교사님도 내 체면이 깎일까 봐 자신이 면을 좋아하지 않고 먹으면 장에 탈이 난다는 말씀을 하지 않으셨습니다.

한국 사역자들은 다른 사람의 말에 더 많이 귀를 기울일 필요가 있습니다. 외국 선교사와 함께 식당에 가게 되면 으레 그들은 무엇을 먹을지 물어봅니다. 그들이 그 식당에 자주 와 봐서 무엇이 맛있는지 훤

---

32) 나이 차이가 많은 경우를 말합니다. 예를 들어 "아버지와 아들", "사장과 부하직원", "목사와 전도사" 등등입니다

히 알고 있어도 시간을 가지며 우리에게 무엇을 먹을지 먼저 물어봅니다. 우리가 주문을 주저하거나 망설인다면 그때서야 "이 식당은 이런 저런 것들이 맛있습니다."라고 조언을 해 줍니다. 우리는 '알아서 해 주겠지'라고 생각하지만 그들은 '알아서 해라.' 하는 것입니다. '알아서 하고 책임은 당신이 져라.' 라는 식의 사고 방식이 서양식 사고 방식입니다. 그러나 한국식은 "알아서 해 주세요."라고 말하고 결과가 나쁘면 책임을 '내'가 아닌 다른 사람에게 넘기는 습성이 있습니다.

다국적 팀 사역 속에서 식사를 주문할 때는 분명히 해야 합니다. 식사 습성이 사역 속에서도 다분히 나타날 수 있다는 것을 분명히 알아야 합니다. 오늘부터 당장 "알아서 주세요."라는 말은 자제해야 합니다. '선택도 자신이! 결과도 자신이!'

같은 것 주세요

간혹 한국 사람들이 음식을 주문할 때 보면 "아주머니와 같은 것으로 주세요!"라고 주문하는 경우가 있습니다. 한 가지 음식만 제공하는 전문점이 아닌 이상 사람 취향이 다르고 입맛이 다른데 이런 주문이 나온다는 것은 우리가 살고 있는 문화가 집단주의 문화라는 것을 보여 줍니다. 이규태는 "비단 일개 노리개인 연뿐만 아니라, 모든 세간이나 가치를 둔 내 것이라는 단독 소유의 개념이 한국인에게는 지극히 박약했으며, 이 집체에의 개체 매몰은 한국인에게 특출한 의식 가운데 하나일 것이다."[33]라고 말하면서 한국인의 집단의식을 설명하

---

33) 이규태, 「한국인의 의식구조 1」, 신원문화사, 1983, p99.

고 있습니다. 집단이 우선이고 자신은 그 가운데 소속되어 있으며 자신만의 의견을 내는 것은 그 집단에서 퇴출될 위험성에 노출되는 것입니다. 우리는 심할 정도로, 집단이나 우리를 의식하며 소속되려는 경향이 있습니다. 어쩌면 뛰쳐나올 생각을 포기하고 있는지도 모릅니다.

서양 선교사들이 꺼리는 음식

서양인들이 먹지 않는 음식들도 있다는 것을 알아야 합니다. 그 중의 하나가 '개 고기'입니다. 개를 먹는 것을 놓고 이러쿵저러쿵하는 것은 상대방의 문화를 보는 관점에서는 옳지 않지만 그래도 상대방을 배려하는 차원에서 지켜 주는 것이 좋습니다. '거지 순례'라는 전도 여행을 미국인 친구들과 한 팀이 되어서 전라남도의 한 농촌으로 가게 되었습니다. 저는 미국인 친구 한 명과 짝이 되어서 동네를 돌아다니며 전도를 하게 되었는데, 저녁 식사 시간이 됐을 즈음 한 가정에서 우리에게 식사를 대접해 주었습니다. 그런데 공교롭게도 그날 저녁 국이 개 고깃국이었습니다. 미국인 친구는 혹시나 하는 마음에 그 이상하게 생긴 국을 먹지 않았고 저는 짐짓 알면서도 맛있게 먹었습니다. 식사를 마치고 나오는 길에 계속해서 미국인 친구가 저에게 아까 나온 국이 무슨 국이냐고 물었습니다. 결국 '개 고깃국'이라고 대답을 하자마자 그 미국인 친구의 얼굴이 울긋불긋해지면서 연이어 "왝 왝!" 하고 구토를 하기 시작했고 한참이 지나서야 진정을 하게 되었습니다. 미국인을 비롯한 서양인들에게 '개'는 친구이지 먹을 대상이 아닌 것입니다. 프랑스 영화배우이자 동물애호가인 브리지트 바르도 가 한일 월드컵이 열리기 전 한국에 개 고기를 먹지 말라고 강력하게 항의를 하였습니다. 개는 사람들의 친구라고 말했고 개 고기 먹는 사람은 야만인이라고 주장했습니다. 어찌 됐든 서양인 사역자들은 개 고기를 먹지 않습니다.

그리고 '김치'를 외국인이 좋아한다고 생각하는 사람들도 있을지 모르겠는데 실제로는 그렇게 좋아하는 것 같지 않습니다. 간혹 미국인 중에도 "나는 김치 좋아해요."라고 말하는 사람을 만난 적이 있는데 그렇다고 김치 만드는 법을 가르쳐 달라고 한다거나 직접 사 먹는 것은 보지 못했습니다. 가끔 기회가 있을 때 피하지 않고 한두 번 집어 먹는다는 표현일 것입니다. 외국인이 필리핀의 '발룻' 먹는 정도로 생각할 뿐인 것 같습니다. 김치는 그 맛과 함께 냄새가 강력합니다. 그렇기 때문에 서양인과 대화할 때 입에서 김치 냄새를 풍기면 상대방을 불쾌하게 만들 수 있습니다. 콩나물, 된장국, 청국장 먹는 것도 거의 보지 못했습니다. 경험에 의하면 '잡채', '김밥', '불고기' 등은 서양 선교사들도 무난하게 즐기는 것 같습니다.

음식과 국제 회의

선교지에서 사역을 하기 위해서는 우리의 위가 모든 나라 음식을 먹고 소화할 수 있는 위가 되어야 함을 느낍니다. 우리의 위가 '서양식 음식'을 잘 소화할 수 있을 정도로 훈련이 되어야 합니다. 다국적 팀 수련회나 회의에 참석을 하면 한국식 음식은 거의 나오지 않습니다. 가끔 한국 김치가 나오기는 하지만 김치라고 부르기 어려운 국적 불명의 반찬이 준비되는 경우가 많습니다. 나오는 음식은 대부분 서양 음식입니다. 이런 음식을 먹고 서양 선교사들과 장시간의 회의를 한다는 것은 심히 힘에 겨운 일이 아닐 수 없습니다.

초창기 선교사들은 선교지에 갔을 때 한국 음식 먹는 것을 거부했다고 합니다. 선교 지역에 빨리 적응하기 위한 이유 때문입니다. 그러나 나중에 알게 된 것은 현지에 빨리 적응할 수는 있어도 몸에는 심각한 좋지 않은 영향이 있다는 것입니다. 한국인은 어떤 지역에 가든지 밥과 김치와 한국 음식을 먹어야 가장 최상의 몸 상태를 유지할 수 있습니다. 아프리카로 선교 가신 선교사님이 몸이 좋지 않아 의사와 상담을 했는데 이유가 아프리카에서 나는 과일을 너무 많이 섭취했기 때문이었습니다. 아프리카에서 자란 사람들에게는 전혀 거부감이 없는 열매지만 외국에서 온 선교사에게는 맞지 않는 열매였습니다.

다국적 선교사들이 모인 국제회의에서 한국인이 최상의 컨디션으로 회의에 참여하고 견디기 위해서는 한국 음식 섭취가 필요하고, 그럴 수 없는 상황이라면 서양식 위주 음식이라도 무난하게 소화할 수 있는 국제적인 위를 만드는 것이 필수적 요건이라고 생각합니다.

식사와 대화

한국 사람에게 식사는 단순히 밥 먹는 일이지만 서양 사역자들과 일하다 보면 식사는 곧 '대화' 라는 개념이 강함을 알게 됩니다. 전통적인 배경에서 자란 한국 사람들이 배우는 식사 예절은 밥을 먹으면서 말을 하면 안 된다는 것입니다. 그런데 서양 사역자들과 식사를 하면서 아무 말도 하지 않는다면 아마 그 서양인은 당신에 대하여 '안 좋은 일이 있나?' 혹은 '나에게 화가 났나?' 라고 생각할 것입니다. 그러나 아직까지 많은 한국 가정에서는 식사 시간에 대화를 많이 하지 않는 것 같습니다. 가정에서는 조용조용하게 식사를 하고 친구들과 만나서 식사할 때에야 겨우 마음을 터놓고 왁자지껄하게 대화하는 것을 보게 됩니다.

　서양 사역자들과 식사를 하게 되면 설사 소화가 안 되더라도 대화를 해야 합니다. 하지만 먹으면서 대화 나누는 일, 그것도 외국 사역자와 교제하는 것은 쉬운 일이 아닙니다. 처음에는 스트레스 받는 일임에 틀림없습니다. 스트레스 받는 이유는 '식사하면서 대화하는 것이 익숙하지 않은 것'이 첫째 이유이고, '외국어로 대화를 나누어야 하는 부담감'이 두 번째 이유입니다. 서양 사역자들은 대부분 한국어를 하지 못합니다. 한국어로 대화를 나누는 것은 다국적 팀에서는 불가능한 일입니다. 그리고 한국어를 배우려고 하는 서양인 사역자도 매우 적습니다. 그렇기 때문에 사역지 언어로 이야기하거나 영어로 이야기를 해야 하는데 초임 선교사나 단기선교사들에게는 분명 엄청난 스트레스입니다. 또한 국제어인 영어로 대화를 나누는 것도 한국인들은 많이 힘들어 합니다. 미국 선교사들은 자신들의 모국어인 영어로, 북미나 서양 선교사들은 익숙한 국제어인 영어로 대화를 나누기 때문에 매우 자연스럽게 대화를 이끌어 갑니다. 그러나 한국인들에게는 영어가 정복하기 쉽지 않은 외국어이므로 '발음', '악센트', '문장'에 신경을 쓰면서 대화를 나누게 되니 거의 대부분 대화의 주도권이 서양 사역자들에게 넘어가게 됩니다. 주도적으로 대화를 이끌고 자신의 의견을 표현할 수 있을 정도가 되려면 많은 훈련과 경험이 필요하리라 생각합니다. 한 가지 중요하게 짚고 넘어가고 싶은 사실은 대화의 주도권을 한국 사역자들이 잡지 못하는 경우가 많은데 그 이유는 외국어를 못해서라기보다는 '말을 조리 있게' 못 하기 때문이라고 생각합니다. 한국어로 대화를 해도 그 말의 핵심을 파악하는 데 힘이 듭니다. 가끔 단기선교팀의 통역을 하다 보면 무슨 말을 하고 싶어 하는지 도대체 파악하기 어렵습니다. 말을 조리 있고 논리적으로 표현하는 능력이 부족하기 때문에 대화의 주도권을 넘겨 준다는 생각이 듭니다. 왜 대학에서 논술을 강조하는지 충분히 이해가 됩니다.

그리고 식사를 하면서 대화를 할 때 입에 음식이 있는 상태로 이야기를 나누는 것은 예의가 아니라는 것을 대부분의 사람들은 알고 있습니다. 이 예의를 지키면서 대화하는 것도 곤혹스럽습니다. 계속 음식을 먹어야 하는데 상대방의 질문이 언제 날아올지도 모르는 일이고, 질문을 받았을 때 음식이 있는 상태에서는 대답할 수도 없는 노릇입니다. 한국에서는 음식물이 입에 있는 채로 이야기를 해도 그렇게 흉이 되지는 않는 것 같습니다. 그러나 국제 무대에서는 지켜야 할 '예의' 이므로 지켜 주어야 합니다. 이 곤란한 문제를 미국 사역자와 나누었더니 답이 의외로 간단했습니다. "조금씩 먹으면 됩니다." 그말은 곧 한꺼번에 많이 먹지 말고 조금씩 먹으면서 이야기를 하면 곤혹스러운 그 문제도 충분히 해결된다는 이야기였습니다.

국을 먹을 때 소리를 내서 먹으면 안 되는 것처럼 스파게티나 라면 종류를 서양 선교사들과 먹을 때는 소리를 내면서 먹으면 안 됩니다. 그런데 한국 사람들과 함께 스파게티를 먹다 보면 자매든 형제든 예외 없이 대부분 소리를 내며 먹는 것을 보게 됩니다. 특히 미국 문화에서 스파게티는 소리를 내며 먹으면 예의가 아닙니다. 한국에서는 라면은 소리를 내면서 먹어야 맛있게 먹는 것처럼 보이는데 다국적팀 속에서는 예의가 아닙니다. 또한 음식을 씹을 때도 소리를 내지 않고 먹는 것이 예의인데 가끔 한국 사람들과 식사를 하다 보면 쩝쩝거리며 먹는 경우를 볼 수 있습니다. 나이프로 음식을 찍어 먹는 사람도 보았는데 실례입니다. 그리고 서양인들 식습관을 보면 자기 음식만 먹습니다. 절대로 다른 사람의 것을 찍어 먹거나 아무 말 없이 자기 음식을 다른 사람에게 건네주지 않습니다. 한국 식습관과 다른 모습들입니다.

다국적 팀 사역을 볼 때 특히 회의 기간이라면 식사 시간을 활용한 대화가 참으로 중요하다는 것을 알 수 있습니다. 이 식사 시간을 통해서 엄청난 결정들이 오고 갈 수도 있습니다. 이렇게 중요한 시간이므로 한국 사역자들도 서양인 사역자들과 식사를 할 때 더욱더 주도적으로 대화를 이끌며 식사 시간을 누릴 필요가 있습니다.

음식 값 지불

음식 값을 지불하는 방법도 한국 사람과 서양 사역자 간에는 다른 점이 있습니다. 한국에서는 먼저 "식사하러 가시죠?"라고 말하는 사람이 음식 값을 지불하는 것으로 생각합니다. 그리고 연장자가 있는 경우에는 연장자가 음식 값을 지불하는 것이 보통의 경우 관례화되어 있습니다. 그러나 서양은 거의 대부분 '더치페이'를 합니다. 서양인이 먼저 "식사 하러 가시죠?"라고 말한다 하더라도 그 말을 곧 그가 음식 값을 내겠다는 말로 오해를 하면 안 됩니다. 식사는 식사고 계산은 계산입니다. 그리고 함께 식사하는 서양인의 나이가 많더라도 그 사람이 꼭 음식 값을 지불하지는 않습니다. 친밀한 관계가 아닐수록 '더치페이'를 하는 것이 일반적입니다. 그러나 동양에서 많은 사역을 해 온 서양 선교사들 중에는 자신이 직접 음식 값을 지불하는 경우도 있습니다. 서양 선교사들 중에도 더러 "저는 더치페이를 좋아하지 않아요!"라고 말하고 자신이 직접 음식 값을 지불하는 경우도 종종 있습니다.

14

덤, 정 문화

한국인은 정이라는 것을 중시합니다. 정확하게 계산하는 사람을 별로 좋아하지 않는 것 같습니다. 아르바이트하면서 근무시간 외에 근무를 해도 별도 수당을 받지 못했고 그러려니 했었던 기억도 납니다. 이사를 하기 위해 작은 트럭을 계약했는데 이사를 마치고 나니 밥값을 더 달라며 기어코 반강제적으로 일정 액수를 가져갑니다. 계약은 계약일 뿐이고 더 주어야 한다는 관념이 한국 사람들 의식 속에 자리 잡혀 있다고 생각합니다. 생각해 보면 이것도 정 문화에서 파생된 것 같습니다. 정이란 것은 때로 상대의 실수와 죄까지도 덮어 버리는 힘이 있습니다. 정이 있기 때문에 한국 사회가 그나마 따뜻하다고 생각합니다.

덤, 정 문화

시장에 가서 물건을 사게 되면 거의 대부분의 한국 사람들은 자신이 지불한 것보다 조금 더 많은 물건을 달라고 합니다. 1,000원어치 과일을 산다면 한 개나 두 개 혹은 그 이상의 과일을 달라고 요구하는 경우가 많고, 상인들도 당연한 일로 여깁니다. 대형 마트에서는 상상할 수 없는 일이지만 재래 시장에서는 가능한 일이고 그렇게 이상한 일도 아닙니다. 이것을 가리켜 '덤'이라고 합니다.

식사를 할 때도 밥을 그릇에 정확히 깎아서 주는 것은 예의가 아니라고 합니다. 정확히 깎기보다는 조금 더 주는 것이 예의라고 생각합니다. 이렇게 밥을 담는 것을 '고봉'(高捧)이라고 합니다. 이렇게 하면 주는 사람도 기쁘고 받는 사람도 상대방이 '진정으로 나를 아끼고 있구나!' 하는 사랑과 관심을 느끼게 됩니다

한국 사람은 인심이 좋습니다. 식당에서 식사를 해도 한국에서는 밑반찬이 공짜로 나옵니다. 밑반찬을 아무리 많이 먹어도 공짜입니다. 한국 사람은 인심 쓰는 것이 사회 문화에 일반적으로 스며 있는 것 같습니다. 다른 말로 정 문화라고 할 수 있습니다. 말레이시아 형제가 한국을 방문해서 한국 형제와 함께 식당에 가게 되었습니다. 주

문하기 무섭게 많은 양의 밑반찬들이 나왔습니다. 말레이시아 형제는 눈이 휘둥그레져서 "이 반찬들 따로 주문시켰습니까?" 하고 물어 보더랍니다. 공짜라고 대답을 해 주었더니 계속해서 "정말로 이것들이 공짜입니까?"라고 물었다고 합니다.

대부분의 나라에 가면 반찬 하나하나에 가격이 있습니다. "단무지 한 종지에 얼마" 이런 식으로 말입니다. 1992년 여름에 일본에 단기 선교를 갔었는데 이렇게 반찬 하나하나에 돈을 내야 하는 것을 보고 '정말 삭막하군! 정이 없군!' 이라고 생각했습니다.

한국인은 정이라는 것을 중시합니다. 정확하게 계산하는 사람을 별로 좋아하지 않는 것 같습니다. 아르바이트하면서 근무 시간 외에 근무를 해도 별도 수당을 받지 못했고 그러려니 했었던 기억도 납니다. 이사를 하기 위해 작은 트럭을 계약했는데 이사를 마치고 나니 밥값을 더 달라며 기어코 반 강제적으로 일정 액수를 가져갑니다. 계약은 계약일 뿐이고 더 주어야 한다는 관념이 한국 사람들 의식 속에 자리 잡혀 있다고 생각합니다. 생각해 보면 이것도 정 문화에서 파생된 것 같습니다. 정이란 것은 때로 상대의 실수와 죄까지도 덮어 버리는 힘이 있습니다. 정이 있기 때문에 한국 사회가 그나마 따뜻하다고 생각합니다.

아시아 사람들도 이와 비슷한 면이 있는 것을 봅니다. 홍콩 사역자와 함께 사역을 하면서 가끔 느끼는 점입니다. M이라는 홍콩 사역자는 다른 지역에 출장을 가면 그냥 돌아오는 법이 없습니다. 꼭 팀원들 한 사람 한 사람의 선물을 사 가지고 돌아옵니다. 먹을 거나 혹은 기념이 될 만한 것들, 한국 돈 몇백 원 하는 아주 작은 선물들이지만 정을 느끼기에 충분한 표현입니다. 어떤 선물에는 팀원들의 이름이 하나하나 새겨져 있는 것도 있습니다. 그만큼 관심을 가지고 준비를 했다는 것이겠죠! 선물을 받았다기보다는 '이 사역자가 나를 기억하고 관심을 갖고 있구나!' 라며 인간미를 느끼게 됩니다. 그렇기 때문에 제가 한국에 간다든가 출장을 가게 되면 아주 작은 선물이라도 꼭 준비해서 선교지에 있는 팀원들에게 나누어 주는 노력을 하게 됩니다. 많은 한국 사람들이 이런 식으로 그들의 관심, 즉 정을 다른 사람에게 표현합니다.

중국 사역자에게서도 이런 정을 느낄 수 있었습니다. 아주 이르지는 않지만 그래도 제법 이른 아침에 가족과 출장을 떠나게 되었습니다. 그런데 C라는 자매가 아주 이른 아침부터 전화를 해서 "언제 비행장에 가느냐?"를 계속 묻는 것이었습니다. '무슨 부탁할 것이 있는 모양이구나!' 라고 생각하고 만났는데 그녀의 손에 들려 있던 것은 우리를 위해서 KFC에서 사 온 아침 빵이었습니다. 너무 조급히 비행기를 타게 되면 아침을 먹지 못할까 봐 아침 잠이 많음에도 불구하고 그렇게 먹을 것을 사 오는 수고를 한 것입니다. 이런 정과 정이 오고 갈 때 한국 사람들은 '아! 그 사람은 정이 많구나.', '사람이 됐구나!' 라고 생각을 하는 것 같습니다.

그런데 다국적 팀에서 사역을 하다 보면 이런 '정, 인정' 을 기대하기가 쉽지 않습니다. 특히 서양 사역자들에게서 이런 식의 '정 표현' 을 기대한다는 것은 무리한 감이 있습니다. 본국에 휴가차 다녀오거나 어디 출장을 다녀올 때, 작은 것이라도 기념이 될 만한 것을 사 와서 나누는 일이 없습니다. 조금이라도 표현을 해 주면 감동을 받는 동양인인데 아직 서양 사역자들이 이 점을 잘 모르는 것 같습니다. 선물 때문이 아니라 관심을 받는다는 느낌을 주게 되어 사람을 얻을 수 있는데 왜 아직 이런 작은 것을 모르는지 모르겠습니다.

한국인은 사랑의 직접적, 언어적 표현과 함께 준언어적인 관심의 표현이 있을 때 더 감동을 하는 것 같습니다.

서양인들은 볼 때 정이 없는 것이 아니라 표현 방식이 다른 것 같습니다. 그들은 우리의 정과는 다른 관심이나 사랑으로 그들의 마음을 표시합니다. 그들도 동양인을 도우려고 무척이나 애를 쓰고 사랑을 나누려고 합니다. 서양 리더에게 가서 어려움을 이야기하면 정말 최선을 다해서 도와주려고 합니다. 재정적으로 큰 도움을 주기도 합니다. 그러나 함부로 돕지 않고 재정적인 문제라면 합리적으로 도움을 주고 심리상의 문제들이 있다면 비행기 값을 써서라도 말이 통하는 한국 상담가를 초청해서 도우려고 합니다. 그들의 사랑 표현이 우리의 '정 표현'과 조금 다르기는 하지만 서양인 사역자들도 사랑을 표현하려고 합니다. 다만 다문화권에서 사역을 하는 동양인이라면 특히 한국인이라면 이런 잔정을 기대하지 않는 것이 좋을 것이며, 서양 사역자들이 자신에게 관심과 사랑이 있다는 믿음을 가지는 것이 필요합니다. 그런데 '덤, 인정' 문화에는 긍정적인 면만 있는 것이 아니라 부정적인 면도 있습니다. 부정적인 면 때문에 한국 선교사들이 선교지에서 원칙도 없고 일관성도 없다는 평가를 듣고 있는 것이 아닐까 생각합니다.

김열규가 잘 지적했듯이, 그러나 정이 늘 좋은 것만도 아니고 부작용도 심각하다. 공적 영역에서 정을 매개로 한 정실주의[34]의

---

34) 인사권자의 개인적 신임이나 친소관계를 임용기준으로 하는 인사제도를 말한다. 정실주의는

폐해가 만만치 않다. 사적 영역에서도 정에 치인다는 말을 할 정
도로 복잡하게 얽히고설킨 인간관계에 불편해 하는 사람들도 많
다. (중략) 주는 건 좋은데, 받는 게 문제가 된다. 특히 사회적 차
원에서 문제가 된다. 우리는 부정부패를 자신과 무관할 땐 흉악
한 범죄인 것처럼 생각하지만, 부정부패는 사실 따지고 보면 정
문화와 깊은 관련이 있다.[35]

만약 정이 사적인 영역에서만 힘을 발휘한다면 전혀 문제가 되지
않을 것이고 오히려 장려되어야 할 것입니다. 실수와 과오를 덮어 주
는 넓은 아량도 정에서 나오기 때문입니다. 그러나 문제는 정이 사적
인 영역을 넘어서 공적인 영역까지 영향력을 미친다는 데 있습니다.
알고 지내는 사람이라면 영수증 없이 재정 처리를 해 주고 사역할 때
정확하지 않아도 넘어가 주는 부정적인 역할을 하기도 합니다. 이런
정 문화에서 "대강대강, 대충대충"이라는 말이 나오지 않았나 생각합
니다.

대충대충

우리는 자신도 모르는 사이에 대충대충이라는 말을 잘 사용합니
다. '적당 적당'이라는 의식도 정확한 것을 추구하지 않는 습성에서

정치적 신조나 정당관계를 임용기준으로 하는 엽관주의와 구분되나, 일반적으로는 같은 의
미를 지닌 개념으로 혼용된다. 영국에 있어 절대군주제 확립 당시의 국왕은, 자신의 정치세
력을 확대하거나 반대세력을 회유하기 위하여 개인적으로 신임할 수 있는 의원들에게 고위
관직이나 고액의 연금을 선택적으로 부여하였으며, 장관들도 하급관리의 임명권을이권화
(利權化)함으로써 정실주의를 확대하였다. (출처: 네이버, 용어사전)
35) 강준만, 「한국인 코드」, 인물과 사상사, pp117-118.

나오지 않았을까 생각합니다. 우리의 적당주의는 1990년대 엄청난 대가를 지불해야 했습니다. 삼풍백화점이 무너져 수백 명이 죽고, 성수 대교가 무너지면서 국가의 신용도 무너지는 경험을 했습니다. 우리 사회의 이런 적당주의는 국제 사회에서는 통용되지 않습니다.

다국적 팀과 사역을 하다가 가장 먼저 배운 것이 있다면 정확히 일을 처리하는 것이었습니다. 정은 정이고 일은 일이라는 생각들이 확실하게 서 있는 곳이 다국적 팀입니다. 영수증 1원까지 감사(監査)하는 것이 다국적 팀입니다. 미국 사역자가 돈 쓰는 것을 보았습니다. 정말 정확하게 사용하고 영수증 처리를 정확하게 합니다.

사역 보고를 할 때도 마찬가지입니다. 보고 체계가 잘 되어 있는 것이 바로 다국적 팀들의 특징입니다. 정확하게 보고를 해 주어야 하는데 두리뭉실하게 보고하거나 정확한 근거 없이 지난 한 달을 기억해 보면서 대강 기록해서 보고하는 일들을 한국인 사역에서 심심치 않게 봅니다. 조금 더 정확히 일을 처리하는 것이 필요하다고 봅니다.

꿔수메이의 『중국에는 한국인의 밥그릇이 없다』에서 다음과 같이 말합니다. "일본 사람은 일을 할 때 매우 철저하나 한국 사람은 대강대강한다고 합니다. 일본에서 옷을 한 상자에 30벌씩 10박스를 주문했다고 하면 1박스에 30개가 들어 있는 것이 아니라 29개가 들어 있거나, 덤으로 더 주었는지 모르겠지만 32벌이 들어 있는 경우가 자주 있다고 일본 상인은 이야기합니다." 대강대강, 대충대충, 아는 사람들끼리 정이 있으니까 그냥 넘어가 주자는 식의 일 처리는 다국적 팀 사역에서는 곤란한 일입니다.

15

동기 부여

강압적인 동기부여는 한국인의 집단의식에
서 생성된 습성이라고 생각합니다. 다국적
팀에서 사역하면서 경험하는 것은 외국 선
교사들도 열심히 동기부여를 하지만 한국
과 가장 다른 점은 '최종 결정은 스스로 하
도록' 한다는 것입니다. 집단적 압력이 아
니라 개인이 스스로 결정할 수 있도록 하
는 분위기입니다.

15

동기부여

　수련회나 특별한 행사가 있을 때 한국 사역자들은 힘 있는 동기 부여를 통해서 형제, 자매들의 참여를 이끌어 냅니다. 수련회에 꼭 와야 하는 이유들에 대해서 설명을 하고 어떤 경우에는 자신도 어려우면서 참가비나 가등록금을 대신 내주기도 합니다. 그런데 한국식은 약간 강압적인 면이 있습니다. "꼭 해야 한다! 이번에 단기선교 꼭 가야 한다!"는 식으로 강요하는 것 같습니다. 그 사람의 결정까지 동기부여자가 조정하려 듭니다. 개인적인 상황이나 어려움은 고려하지 않고 무슨 일이 있어도 함께 가야 한다는 집단적 압력으로 참석을 이끕니다. 이러한 강압적인 동기부여는 한국인의 집단의식에서 생성된 습성이라고 생각합니다. 다국적 팀에서 사역하면서 경험하는 것은 외국 선교사들도 열심히 동기부여를 하지만 한국과 가장 다른 점은 '최종 결정은 스스로 하도록' 한다는 것입니다. 집단적 압력이 아니라 개인이 스스로 결정할 수 있도록 하는 분위기입니다.

　영어의 경우, 결코 "이겨라"처럼 집단적 압력을 대변하는 말은 없다. 그저 "행운을 빈다(Good luck)"는 말이 고작이다. 이 말은 어떤 개인과 개인 간에 주고 받으면 그 관계가 끝나 버리는 그런 성원이요, "이겨라"라는 말 뒤에 도사린 무거운 집단적 압력이 없는 그런 성원이다. 굳이 다른 말이 있다면 "최선을 다하라(Do your best)"라는 것을 들 수 있는데, 이 말 역시 그 말을 건넴으로써 관계가 끝나는 그런 개체와 개체 간의 말이다.

이에 비겨 "이겨라"는 집단의 성원을 한몸에 짊어진 한국 선수로 하여금, 조그맣게 위축돼 있는 개체를 실제 이상으로 부풀려 죽도록 싸우게 만든다. 마치 소의 배를 흉내 내어 부풀리는 개구리의 배처럼 비장감이 곁들기까지 한다. 출발선에 서 있는 선수는 그 집단의 중압감 때문에 힘의 균배나 기량의 구사 등 개체로서 구사할 수 있는 역량이 이지러지기도 한다.[36]

위에서 보는 집단적 압력이 사역 현장 곳곳에서 발견됩니다. "이번 수련회에 한 사람이라도 안 가면 전부 안 간다. 한 사람이라도 빠지면 의미가 없다."라는 식의 강압적 동기부여를 하는데 이는 집단의 식에서 비롯된 것입니다. 서양 선교사들이 "반드시 해야 해!"라는 식으로 말하는 것을 들어 본 적이 없습니다. 그들은 장황하게 설명하고 호소를 한 후 스스로 결정하라고 합니다.

한국에서 선교사들이 선교 지원자를 모을 때라든지 영접 기도를 이끌 때 약간은 강압적인 분위기가 흐릅니다. 그러나 이것이 꼭 나쁘다고 말하기는 어렵습니다. 어느 정도 좋은 면도 있습니다.

태국에서 오 선교사라는 분을 만났습니다. 그분은 선교사들과 나

---

36) 이규태, 「한국인의 의식구조 1」, 신원문화사, 1983, p142.

눔을 갖는 시간에 아쉬웠던 일을 나누어 주었습니다. 태국은 한 명의 회심자를 얻는 것도 힘든, 90% 이상이 불교 신자인 불교 국가입니다. 그런 영적인 분위기에서 한 번 전도 집회를 열었는데 반응이 너무 좋았다고 합니다. 영접기도하는 순서가 되었는데 오 선교사는 '말이 잘되는 현지인 사역자에게 이 순서를 맡기면 더 많은 사람이 영접하지 않을까?' 라는 감동을 받고 현지인 사역자에게 가장 중요한 시간을 맡기게 되었습니다. 그러나 결과는 기대 이하였다고 합니다. 분위기는 이미 고조되어 있었고 강하게 한 번 더 밀어붙이면 예수님을 모르는 많은 사람들이 구원을 얻을 수 있는 기회임에도 불구하고 그 현지인 사역자는 "자신이 스스로 생각해서 예수님을 믿을지 결정하십시오!" 라는 권유형의 말로 그 중요한 시간을 이끌어 갔고 기대에 훨씬 못 미치는 인원이 예수님을 영접하게 되었습니다. 오 선교사의 아쉬워하는 마음이 충분히 이해가 됩니다. 죄악에 빠진 사람들을 강제로 이끌어도 부족한데 권유형, 청유형으로 중요한 순서를 인도했으니 실망이 이만저만이 아니었습니다. 만약 영접하는 시간을 오 선교사가 이끌었다면 아마 아주 강하게, 약간은 강압적으로 이끌었을 것이고 기대대로 조금 더 많은 사람들이 영접을 하였을 것입니다. 바로 이것이 한국식의 동기부여 방식인 것 같습니다.

이 선교사라는 분은 H국에 있는 교회에 방문할 기회를 얻었고, 설교 부탁을 받았습니다. Q국의 필요를 알리고 사역자를 모집하는 절호의 기회라고 생각하고 모든 힘을 다해 설교를 해 나갔습니다. 곧 선교 지원자 헌신의 시간이 되어 이 선교사는, 자신보다는 동행한 H국 형제가 동기부여를 하는 것이 여러모로 효과가 있겠다 싶어서 헌신의 시간을 맡기게 되었습니다. 그러나 결과는 이 선교사의 기대에 훨씬 못 미치는 것이었습니다. H국 형제는 강하게 이끌지 않고 "여러분이 스스로 결정하시고 Q국 사역을 도울 수 있으면 오시기 바랍니다."라는 식으로 헌신의 시간을 인도했습니다. 만약 헌신의 시간을 이 선교사가 인도했다면 아주 강하게 이끌었을 것입니다.

어쩌면 집회에서는 아주 강하게 예수님을 영접할 수 있도록 인도하는 것도 필요할 것이라고 생각합니다. 그런데 한국 사역자들의 이러한 강한 동기부여 습성은 다국적 선교사들과 사역하는 중에도 드러납니다. 최종 결정을 개인에게 넘기기보다는 결정까지 리더가 쥐어주는 방식으로 일을 이끌어 가는 경우를 보게 됩니다.

다국적 선교사들과 사역을 잘 해 가기 위해서는 말을 설득력 있고 논리적으로 전달함으로써 개인이 리더가 기대하는 방향으로 결정할 수 있도록, 자발적으로 참여할 수 있도록 이끄는 것이 중요합니다. 명령이나 강압적인 방식으로 일을 이끌어 갈 수는 없습니다. 다국적 팀에서는 아무래도 한국 팀보다 더 많은 시간을 들여 설명하고 인내하며 모든 선교사들이 이해할 수 있을 때까지 기다려 주는 작업이 필요합니다. 만약 당신이 다국적 팀의 리더로 서게 된다면 틀림없이 수많은 질문들을 받게 될 것이고 그에 대한 대답을 준비해야 할 것입니다. "하면 된다!", "으싸 으싸!" 식으로는 건강하게 일을 진행할 수 없습니다.

실례를 들겠습니다. 몇 년 전 단기 팀이 선교지를 방문하게 되었습니다. 지역 담당자는 '기도가 부족하니 하루에 3시간씩 기도를 하면 좋겠다.'라고 생각을 하고 단기 팀에게 하루 3시간씩 모여서 이 지역을 위해 기도해 달라고 부탁을 했습니다. 단기 팀이 한국 사람들이니 절대 순종의 자세로 열심히 기도를 했습니다. 그런데 지역 담당자와 함께 일하는 외국 선교사가 "왜 하루에 3시간씩 기도하죠?"라고 물어보는데 특별한 대답이 생각이 나지 않아서 "그냥!"이라고 대답을 하였습니다. 간단한 이야기지만 이런 상황에서는 분명한 대답을 가지고 있어야 합니다. 그렇지 않고 "그냥", "하라면 해!"라는 식은 다국적 팀 속에서는 팀의 하나 됨을 막는 걸림돌이 될 뿐입니다. 각종 질문에 대답할 말을 준비해야 합니다.

경험적으로 볼 때 한국 사역자들은 팀원들의 질문에 대답을 잘 해 주지 못합니다. 좋은 팀원은 '절대 복종, 절대 순종'이라는 의식들이 있는 것 같습니다. 그러나 이런 마음으로 다국적 선교사들을 이끌어 가는 것은 어렵습니다. 왜 이 사역을 할 수밖에 없는지? 왜 해야 하는지? 누가 해야 하는지? 논리적으로 모두가 이해할 만한 말로 설득하고 동기부여를 할 때 팀원들은 따라오게 됩니다. 팀원들과 이견이 있을 때 최종 권위를 성경에 두는 것은 다국적 선교사들 모두가 동의하고 순종하는 방법입니다. 강압적으로 동기부여하고 이끄는 팀이 아니라 스스로 결정하고 자발적으로 사역을 해 나가는 팀이 되도록 만들어 가는 것이 다국적 팀 리더의 자질일 것입니다.

16

협력

개인적인 목적을 이루는 것이 밑바탕이라
고 하더라도 서양인들은 협력하는 것이 몸
에 익숙한 것 같습니다. 협력을 위해서 나
이가 지긋한 선교사도 나이 어린 선교사를
리더로 섬기며 함께 사역합니다. 그런데 협
력이란 것이 한국 사람에게는 익숙하지 않
은 것 같습니다. 팀원이나 리더는 '지위'가
다른 것이 아니라 '역할'이 다를 뿐이라는
생각이 바탕이 될 때 비로소 협력이 시작
될 수 있습니다. 협력은 다른 말로 '팀 사
역'이라고도 할 수 있습니다. '팀 사역'을
통해서 얻고자 하는 것은 팀원 한 사람 한
사람이 모여 시너지 효과를 만들어 내는
것입니다.

협력

한국 사람 특징 중의 하나는 협력을 잘 못한다는 것입니다. 단적인 예로 들고 싶은 것이 성경 번역입니다.

NLT 성경		쉬운 성경	
책 구분	번역인원(명)	책 구분	번역인원(명)
모세오경	15	창세기-여호수아	1
역사서	15	사사기-열왕기하	1
시가서	16	역대상-에스더	1
예언서	15	욥기-아가	1
복음서, 사도행전	15	시편-에스겔	1
서신서, 요한계시록	19	이사야-애가	1
		다니엘-말라기	1
		마태복음-누가복음	1
		요한복음-고린도후서	1
		갈라디아서-요한계시록	1

성경 번역이라는 아주 중요한 작업을 할 때 영어 번역에는 많은 학

자들이 참여합니다. 한국어 번역 작업에서는 고유의 영역은 서로 침범하지 않고 한 사람에게 맡기는 것을 볼 수 있습니다. 누구의 간섭도 받지 않고 번역 작업을 한 것입니다. 이는 우리 나라 사람들이 협력하는 것을 매우 어려워하거나 간섭받기를 싫어한다는 단적인 증거라고 생각합니다.

선교지에서도 한국 선교사들이 가장 많이 귀국하는 이유가 '관계의 문제'라고 앞서 말씀드린 바 있습니다. 팀으로 협력하여 일을 이루어 내기보다는 작더라도 혼자만의 구역을 만들어 소신껏 사역하고 싶어 하는 경향이 있습니다.

협력을 해야 합니다. 우리에게는 협력을 배울 수 있는 기회가 있습니다. 바로 다국적 팀 사역입니다. 폴 히버트 박사는 북미인들이 개인적인 성향이 있음에도 기꺼이 협력하려는 이유를 다음과 같이 설명하고 있습니다.

> 이는 모순된 것처럼 보이지만, 경쟁에는 개인과 집단 간에 상당히 많은 협력이 필요하기 때문에, 북미인들 사이의 경쟁은 협력의 상황에서 일어난다는 것을 조금은 알 수 있다(스튜와트 1972:56). 예를 들면, 축구 경기에서 선수들은 결국 명예가 각 개인에게 주어질지라도, 팀으로서 경쟁해야 한다. 그러므로 미국인들이 개인적인 목적을 추구하면서도, 함께 일할 능력이 있다고 알려진 것이 우리를 놀라게 하지는 않는다. 경쟁과 협력을 함께 하는 이런 능력은 미국인들이 전심으로 집단이나 조직에 헌신하지는 않으나, 그렇게 하는 어떤 개인적인 이득이 있는 한 협력한다는 사실에 있다. 그들은 집단의 목표를 받아들이고 그 규칙에 따라 경기를 하지만,

만일 그들의 기대가 성취되지 못한다면, 그들은 자유롭게 떠나서 다른 집단에 가담한다. 자기들에게 동의하지 않는 사람들과 협력하는 능력은 다른 사람들과 함께 일할 수 있게 하는 촉매의 역할을 하기 때문에, 북미 사람들이 해외에 갔을 때, 유익이 된다. 하지만 이것도 역시 오해를 살 수 있다. 다른 문화에 있는 사람들은 흔히 우리가 일을 성취하기 위해서는 기꺼이 원칙을 포기하는 기회주의자라고 느낀다.[37]

　개인적인 목적을 이루는 것이 밑바탕이라고 하더라도 서양인들은 협력하는 것이 몸에 익숙한 것 같습니다. 협력을 위해서 나이가 지긋한 선교사도 나이 어린 선교사를 리더로 섬기며 함께 사역합니다. 그런데 협력이란 것이 한국 사람에게는 익숙하지 않은 것 같습니다. 팀원이나 리더는 '지위'가 다른 것이 아니라 '역할'이 다를 뿐이라는 생각이 바탕이 될 때 비로소 협력이 시작될 수 있습니다. 협력은 다른 말로 '팀 사역'이라고도 할 수 있습니다. '팀 사역'을 통해서 얻고자 하는 것은 팀원 한 사람 한 사람이 모여 시너지 효과를 만들어 내는 것입니다.

37) 폴 히버트, 김동화 외 3명 옮김, 「선교와 문화 인류학」, 죠이선교회출판부, 1996, p185.

17

정의 내리기, 수량화, 문자화, 분석적

서양인들의 스타일은 정확한 정의를 내리기 원하고 가능하면 수치화하기 원하고 또한 상황을 분석하길 무척 좋아합니다. 사실 우리가 배워야 할 점이라고 생각합니다. 어쩌면 이들은 이런 그들만의 방식과 경영원리로 세계를 움직이는 강대국이 된 것이라 생각합니다.

정의 내리기, 수량화, 문자화, 분석적

다국적 팀에서 사역을 하다 보면 개념을 정리하는 데 시간을 많이 보내는 경우가 있습니다. 소그룹 리더의 정의는 무엇이며 역할은 무엇인가? 지역 책임자의 직무는 무엇인가? 부책임자의 직무는? 나라 책임자의 직무는? 재정 책임자의 직무는? 등등에 대해서 필요하다면 몇 년이 지나도 토의를 거듭합니다. 예를 들어 '소그룹 리더는 성령충만하며 정기적으로 복음을 전하고 성경공부 모임을 1개 이상 인도하며 그룹원은 2명 이상이 되는 사람'이라는 식의 정의를 내립니다. 그리고 정기적으로 이 개념을 가지고 자신의 사역지에 얼마나 많은 소그룹 리더들이 세워졌는지 파악하고 소그룹 리더를 세우기 위한 목표를 세웁니다. 그리고 필요에 따라 소그룹 리더의 개념을 수정하거나 보완하는 작업을 계속해서 진행합니다. 서양인들의 스타일은 정확한 정의를 내리기 원하고 가능하면 수치화하기 원하고 또한 상황을 분석하길 무척 좋아합니다. 사실 우리가 배워야 할 점이라고 생각합니다. 어쩌면 이들은 이런 그들만의 방식과 경영원리로 세계를 움직이는 강대국이 된 것이라 생각합니다. 폴 히버트 박사는 북미인들이 계획적이고 조직적이며 수량화, 문자화를 좋아한다고 말합니다. 또한 분석적인 사고를 가지고 있다고 말합니다.

> 우리들은 상황을 분석하기를 좋아한다. 우리는 이 세상이 현실적
> 일 뿐만 아니라 질서 정연하다고 믿고 있다. 조심스러운 연구와
> 더불어 우리는 왜 그런 일들이 일어나는지를 이해하며 잘못된 일
> 이 생길 때마다 고쳐 나갈 수 있음을 믿고 있다. 우리가 사물을
> 분석하는 하나의 기본적인 방법은 과학을 통하는 것이다. 우리는
> 이 세상이 단순한 범주 속에 들어가도록 파헤쳐서 원인과 결과를
> 발견해 나가는 데에 과학을 사용하게 된다. 우리 주위의 세상을
> 조절해 가는 데에 그 지식을 사용한다. 문제들이 발생할 때, 만
> 일 우리가 충분한 시간과 재정을 가지고 있다면 그것들이 해결될
> 수 있다고 생각한다. 이런 문제해결 접근법은 서양 생활 대부분
> 의 영역에 널리 확산되어 있다. 사고가 발생하면, 우리는 무엇이
> 잘못되고 누가 잘못했는가를 알기 원한다. 집에서 우리는 책임을
> 물을 수 있도록, 누가 불을 켜 놓은 채 나갔고 문을 열어 놓았는
> 가를 알기 원한다. 만일 인간 조직에서 어려움을 경험하거나 그
> 목적들을 성취하지 못한다면, 우리는 해결해야 할 '문제점'이 있
> 나고 생각힌다. 세상은 질서가 있으며, 인간은 이 질서를 이해할
> 수 있고, 이런 것들을 변화시킬 수 있는 능력을 갖고 있다는 것
> 을 전제로 하고 있는 것이다.[38]

----

38) 폴 히버트, 김동화 외 3명 옮김, 「선교와 문화 인류학」, 죠이선교회출판부, 1996, p166.

수량화

한 주 동안 일어난 일들을 숫자로 보기를 원하고 숫자를 모아 월 통계를 내고 분기별 통계를 내고 매년 통계를 내고 몇 년 단위의 통계를 냅니다. 그들은 통계 숫자들 속에 숨겨져 있는 정보를 찾아내기 위해서 그들만의 큰 돋보기를 사용해서 들여다 보고 통계를 보고 사역의 상황을 파악하고 문제점과 잘된 점을 정확하게 파악합니다. 저도 이들과 함께 몇 년 숫자를 중시하는 보고를 하다 보니 통계 속에서 정보들을 얻어 내는 데 눈을 뜨게 되었습니다. 서양인들은 생득적으로 수치화되고 수량화된 것을 좋아합니다.

문자화

"보고하지 않는 것은 사역을 하지 않는 것이다."라는 말을 할 정도로 보고를 중요시 여깁니다. 서양인들은 실용주의자들이기 때문에 보고가 보고로 그치는 것을 끔찍히 싫어합니다. 보고가 실질적이어야 하고 보고를 통해서 사역이 더 활발해지기를 기대합니다.

또한 그들은 행동하기를 원합니다. 강의를 듣고 보고서를 제출하고 통계를 내는 데 행동과 연결되지 않는 것을 싫어합니다. 그들은 보이는 것에 가치를 둡니다. 한번은 강의를 듣는데 내 기억으로 10가지 정도의 소주제들이 있었습니다. 각 주제마다 5분 정도의 설명을 하고 나서 자신의 '행동 다짐'을 기록하라고 했습니다. 매 소주제마다 앞으로 어떻게 실천할 것인가를 기록하라고 했습니다. 그들은 행동하지 않는 강의는 무의미하다고 생각합니다.

18

회의

한 미국 젊은 선교사는 "나는 회의가 너무 너무 재미있다."라고 말했습니다. 그들의 문화에서 회의는, 일방적이거나 명령 전달식이 아니고 누구나 참여하고 함께 만들어 갈 수 있기 때문에 즐길 수 있는 시간입니다.

회의

　한국에서 한때 기독교 서적 부문 베스트셀러 저자였던 어떤 목사는 말하기를 "우리 교회는 3시간 기도하고 10분 회의합니다."라고 했습니다. 이 말은 그 당시 많은 사람들에게 영향을 주었습니다. '그래, 기도를 더욱 많이 해야겠구나.' 그리고 또 하나 '회의는 짧을수록 좋구나.' 하는 생각을 갖게 하기에 충분한 발언이었습니다. 왜냐하면 그당시 이 목사의 영향력이 대단했기 때문입니다.

　한국에서는 이와 같이 3시간 기도하고 10분간 회의하는 것이 충분히 가능합니다. 이유는 아직까지 리더십의 모습이 권위주의적 리더십이기 때문입니다. 통보식의 회의라면 10분도 길 수 있습니다. 한국에서는 이런 식의 회의 운영이 가능할 수도 있지만 다국적 팀 사역에서는 불가능합니다. 만약 당신이 이런 식으로 회의를 인도한다면 곧 수많은 문제들에 봉착하게 될 것입니다.

　한 미국 젊은 선교사는 "나는 회의가 너무너무 재미있다."라고 말했습니다. 그들의 문화에서 회의는, 일방적이거나 명령 전달식이 아니고 누구나 참여하고 함께 만들어 갈 수 있기 때문에 즐길 수 있는 시간입니다.

다국적 팀 사역을 하다 보면 참으로 회의를 많이 합니다. 아주 사소한 것이라도 회의 때 안건으로 올려 의견을 나누곤 합니다. 한국 사역자들이 1시간 회의할 내용이 다국적 팀에서는 2~3시간은 족히 걸리는 경우가 많습니다. 설령 이러한 회의를 거친다 해도 오해가 생기는 경우가 종종 발생합니다. 외국어로 진행되는 회의이다 보니 오해를 불러일으킬 수 있는 단어 선택, 용어 선택 등이 문제가 되어서 엉뚱한 결과가 나오기도 합니다. 이것을 방지하기 위해서는 회의 중에 질문을 자주 해야 합니다. 그리고 이해가 되지 않으면 "Stop"을 외치고 물어보아야 하는데 많은 한국 사역자들은 잘 이해가 되지 않는 안건들은 그냥 넘어가는 경향이 있습니다. 이해가 되지 않으면 물어보아야 합니다.

한번은 여러 국가 사역자들이 한자리에 모여 새로 도입한 소프트웨어 설치부터 사용 방법까지 교육받는 시간이 있었습니다. 이런 시간은 한국 사역자들에게는 그야말로 혼신의 힘을 기울여야 하는 시간입니다. 영어로 진행이 될 뿐 아니라 어느 정도 지식도 필요하고 사용되는 영어도 간단한 인사말 수준이 아니라 조금 어려운 말들이기 때문입니다. 이 시간을 인도하는 미국인의 목적은 이 시간을 통해서 참석한 사역자들이 새로운 소프트웨어 사용법을 완벽히 숙지할 수 있도록 하는 것이었습니다. 그 시간이 끝이 났습니다. 다른 나라 사역자들은 모두 아무 문제 없이 돌아갔습니다. 그러나 한국 사역자들은 남아서 다른 사람이 어떻게 했는가를 물어보며 나머지 수업을 하게 되었습니다. 이런 광경을 보던 서양 사역자가 "왜 강의 중에 됐다고 넘어가라고 했느냐?"라고 말했습니다. 한국인들 생각에는 나 때문에 강의 진행에 문제가 생기면 미안하니까 몰라도 그냥 넘어갔던 것입니다.

그렇습니다. 강의가 끝난 후 너무나 많은 한국인 사역자들이 이런 식으로 그 시간을 마친 것을 서로 알게 되었습니다. 회의에서도 우리는 질문이 별로 없습니다. 질문이 있어도 질문하지 않고 눈치를 보는 경우가 많습니다. 또 토론 문화 속에서 자라 온 것이 아니기 때문에 모든 회의가 다 끝난 후 질문이 생각나기도 합니다. 서양인들은 회의에 잘 참여하는 것 같습니다. 그리고 그들이 회의를 형식적으로 하는 것을 본 적이 없습니다. 철저히 준비하고 핵심적인 내용들을 가지고 매끄럽게 진행을 하려고 애를 씁니다. 회의는 리더 혼자서 인도하지 않습니다. 리더는 회의 참석 전에 나누어야 할 안건들을 참석할 사람들에게 미리 통보하거나 최소한 부책임자나 몇몇 팀원들과 충분한 토의를 거친 후 회의에 참여합니다. "부책임자를 당황하게 하지 말라."라는 조언을 듣게 됩니다. 이 뜻은 혼자서 모든 회의의 내용을 인도하지 말고 회의하기 전에 부책임자나 몇몇 핵심 리더와 반드시 상의하라는 뜻입니다. 이들의 회의는 일방적이지 않습니다. 활발한 대화가 이루어지고 모든 사람들이 참여하여 함께 만들어 가는 것이 회의라고 생각합니다.

다국적 팀에서 요구하는 것은 부책임자와 사역에 대해 끊임없이 나누라는 것인데 생각처럼 쉽지 않습니다. 부책임자와 상하 관계가 아니라는 전제가 있어야 지속적이 나눔이 가능합니다. 그리고 부책임자가 외국 자매 선교사라면 일주일에 한두 번 사역에 대해서 장시간 의논하는 시간을 갖는다는 것은 한국인 다문화권 지도자에게는 큰 도전이고 어려움이 아닐 수 없습니다. 경험적으로 볼 때 익숙해지기까지는 시간이 많이 필요할 것 같습니다. 그러나 서양의 선교사들은 너무나 자연스럽게 부책임자와 이런 사역에 대한 이야기 시간을 갖습니다.

만약 부책임자가 한국 독신 여성 선교사라면 특히 어렵습니다. "왜?"라고 묻는다면 명확한 대답을 드리기는 어렵지만 확실한 것은 한국인이 책임자이고 부책임자가 한국 독신 여성 선교사라면 단둘이 자연스럽고 활발한 사역 나눔을 갖기는 어렵습니다. 선교지에서 만난 여러 나라 독신 선교사들은 팀 리더와 자신을 상하 관계라 생각하지 않습니다. 함께 동역하는 동등한 사역자라는 의식이 있습니다. 선교지만큼 독신 여성들의 역량이 드러나는 곳은 없을 것입니다. 허버트 케인은 독신 여성에 대해서 다음과 같이 평가합니다.

> 독신 선교사들은 일을 잘한다. 독신 선교사들은 기능을 발휘함에 있어 핸디캡이 있음에도 불구하고 대단히 잘한다. 그들은 어려움을 극복하며, 문제들을 해결하고, 성적 욕구를 승화시키고, 지정의의 모든 힘을 그리스도를 섬기는 데 이용한다. 그들은 걸맞지 않는 존재이거나 문젯거리가 아니며, 본국에서 '해낼 수'가 없었기 때문에 선교지를 택한 것이 아니었다. 또한 선교사 직업이란 것이 본국에 있는 좀 더 경쟁적인 직업으로부터의 도피도 아니었다. 그들은 보통 사회적으로 잘 적응된 사람들이며 강인한 성격을 가진 자로서 자족할 수 있는 자이며 자기를 내세우지 않고 자기를 부인하는 사람들이다. 그들은 돌아다니면서 자기 인생의 운명을 슬퍼하지 않는다. 그들 중 대부분은 예수님 때문에 힘든 것을 견디는 것을 배운 열심 있는 일꾼들이다. 그들은 오직 남자들만 가리라 기대되는 원시적인 지역에서 개척하는 일을 하는 것을 비롯하여 세계의 모든 어렵고 위험한 곳에 가 있다. 본국과 해외에 있는 교회들은 자신들을 남김없이 선교사역에 바친 수천의 독

신 여성들에게 엄청난 빚을 지고 있다. 그들은 모든 것을 하되 인정이나 보상을 생각하지 않는다. 그들은 높은 위치에 뽑히거나 임명되는 일이 아주 드물다. 그들은 집행이나 행정적인 면에 능력이 있지만 소수만이 그 책임을 맡아 왔다. 심지어 자기네들의 사역과 복지가 관련된 때에도 의사 결정 과정에 속해 있지 못했다. 겸손히, 조용히, 그리고 즐거이 의문이나 불평 없이 맡겨진 일을 해내었다. 선교사업에 대하여 말하자면 그들이 가장 큰 몫을 차지한다. 그들은 선교사 아내들보다 더, 종종 선교사 남편들보다도 더 많은 일들을 한다. 만약 그들이 갑자기 물러가 버린다면 선교 사업이 지속될 수 있을까가 의심스럽다. 선교사업은 틀림없이 상당히 후퇴하게 되어 고전을 면치 못할 것이다. 지상에 하나님의 왕국을 세우기 위해 자원하여 남편과 가정과 자녀들을 앞서간 이 용감한 숙녀들에게 고개를 숙이라. 하늘에서 그들의 상이 클 것임이니라![39]

최소한 다국적 팀에서는 남녀가 동등한 자격을 가지고 사역을 합니다. 이런 의식 속에서 회의는 더욱 활발하게 진행될 수 있습니다. 상하 관계, 명령 하달식의 회의 진행은 다국적 팀에서는 접해 보기 어렵습니다.

회의할 때 재미 있는 것은 한국 사람들은 회의가 끝나면 한국 사람끼리 모여 다시 한 번 회의를 한다는 것입니다. 이규태 논설위원은 두 번 파티하는 한국인이라고 한국인을 설명하고 있습니다.

---

39) 허버트 케인, 백인숙 역, 「선교사의 생활과 사역」, 두란노 서원, 1986, pp208-209.

외국인을 초대한 파티나 외국인에게 초대받는 한국인들은 그 파티가 끝나고 나면, 반드시 따로 한국인끼리 모여 두 번 파티를 하는 까닭에 외국인이 이상하게 여긴다. 정식 파티에서는 변변히 먹지도 못하고 친숙한 사람끼리 모여야만 포식을 한다. 이 같은 행위는 낯선 사람을 가급적 기피함으로써 자기 은폐를 하는 한국인의 표현 구조로 미루어 필연일 수밖에 없다.[40]

40) 이규태, 「한국인의 의식구조 1」, 신원문화사, 1983, pp152–153.

19

다국적 사역자들의
지속적인 한국인 사역자 이해

세계화 시대, 국제화 시대, 다국적 사역자들과 사역해야 하고 협력해야 하는 시대에 우리는 살고 있습니다. 우리는 우리의 것만을 주장하고 고수할 수 없습니다. 국제 무대에 나가면 우리의 것을 지키되 국제무대에 통용되는 옷을 빨리빨리 갈아입어야 합니다. 세계 여러 나라 사람들과 협력하기 위해서는 그것이 필요합니다. 우리는 서양적인 사고와 사역 방식을 익히는 데 노력을 해야 하고 그늘을 이해하는 데도 힘을 써야 합니다. 서양 사역자들이 우리를 이해하며 먼저 다가오기 전에 우리가 먼저 그들을 이해하기 위해서 부단히 다가가는 노력을 해야 합니다. 그 노력들을 통해 한국 사역자들은 세계를 이끌어 가는 리더로 성장해 갈 것입니다.

다국적 사역자들의
지속적인 한국인 사역자 이해

　다국적 선교사들이 한국 선교사들을 이해하려고 열심히 노력하고 있는 가장 큰 이유는, 선교지 곳곳에서 많은 한국 사역자들을 만나기 때문이며 한국 사람들은 서양인들이 경험해 보지 못한 아주 독특한 사고를 가지고 있기 때문입니다.

　다국적 사역을 하다 보면 서로를 이해해 가는 과정이 그리 간단하지 않다는 것을 알게 됩니다. 알 것 같으면서도 모르는 영역이 아주 많다는 것을 시간이 갈수록 느끼게 됩니다. 문화 배경이 다르고 자라온 배경이 완전히 판이하게 다른 사람을 이해해 간다는 것은 때로는 길고 힘겨운 작업이 될 수 있습니다.

　미국에서 10년 넘게 사역을 하고 돌아온 사모님이 강의하는 중에, 자신은 미국에서 10년째 되던 해에야 비로소 미국 사람들이 반바지를 입을 때는 흰 양말을 신는다는 것을 알았다고 합니다. 그동안 주의 깊게 보지 않았던 것을 10년 즈음 돼서야 발견했다고 합니다. 아마도 사모님은 그동안 별 의식 없이 반바지에 색깔 있는 양말을 신고 당당하게 거리를 돌아다녔을 것이고, 사생활 침입을 병적으로 싫어하는 미국 사람들은 아무도 그 점에 대해서 말해 주지 않았을 것입니다. 반대로 한국에서는 반바지에 어떤 색깔이 들어 있는 양말을 신어도 문제가 되지 않습니다. 이것을 아는 미국 사람이라면 한국에서는 흰 양말만 신어야 된다는 의식을 갖지 않아도 됩니다.

이렇듯 서로를 이해해 가는 데는 의식적인 노력이 필요합니다. 그렇지 않으면 시간이 한참 지난 뒤에야 이해를 하는 경우가 생깁니다.

'마크오'라는 1.5세 재미교포 선교사는 "서양 선교사들은 한국 사역자를 이해하기 위해서 부단히 노력을 하고 있는데 한국 선교사들은 그러한 노력을 하지 않는 것 같다."라고 한국 사역자들에게 말해 주었습니다. 서로를 이해해 가려는 노력은 서로가 멈춰서는 안 될 일입니다. 미국인이 어떤 사람인지, 서양인이 어떤 사람인지 우리가 함께 사역하고 있는 다국적 팀원들은 어떤 사고를 가지고 있는지를 이해해 보려는 계속적인 노력이 필요합니다. 저도 동의하고 싶지는 않지만, 7년 정도 서양 사역자들과 대면해 왔는데 그때마다 그들을 이해하고 다가가려는 노력을 소홀히 하거나 포기하지 않았나 반성을 해 봅니다. 쌍방의 노력이 있어야 만나는 지점이 있는데 한국 사역자들이 이러한 노력을 하지 않는다면 서양 선교사들이 아무리 노력을 해도 우리는 공감할 수 있는 자리에서 만나지 못할 것입니다.

한국 선교사는 선교지 어느 곳을 가든지 미국 선교사, 서양 선교사들을 만나게 될 것입니다. 미국 선교사는 약 6만 명에 이르기 때문입니다. 그들에 대한 이해가 없다면 우리는 선배들이 그랬던 것처럼 '독불장군' 식의 사역만 하게 될 것입니다. 그렇기 때문에 서양식 사고를 가진 사역자들을 이해하기 위해 노력해야 합니다. 그리고 그들에게서 배워야 합니다. 세계적으로 통용되는 '사고방식', '사역 방식'은 동양식보다는 서양식이라고 감히 말할 수 있습니다. 서양식의 합리적, 분석적, 수치적, 기계적 사고와 사역 스타일은 기본적으로 세계 어디를 가더라도 통합니다. 그러나 한국식 사고나 사역 방식 등은 마찰을 일으킬 가능성이 훨씬 많습니다. 기분 좋은 말은 아니지만 우리는 아직도 선교를 배워야 합니다. 굳이 모델을 제시하자면 서양 선교사들입니다. 그들에게서 더 많은 것들을 배워야 합니다.

몇 년 전 다국적 팀 수련회에 참여하기 위해서 약속된 나라의 공항에 도착했습니다. 모임 장소로 가는 셔틀 버스 배정 시간이 가까웠기 때문에 많은 다국적 사역자들을 만날 수 있었습니다. 그중에는 낯익은 얼굴도 있었습니다. 길지는 않지만 1년 정도 함께 사역을 했었던 다니엘이라는 중년의 선교사였습니다. 매년 그래왔듯이 저는 가벼운 인사로 "Hi"라고 말하고 헤어졌고 그분도 매년 그랬듯이 "Hi"라는 말 한마디 하고 어디론가 아들과 함께 급하게 사라지셨습니다. 아무 이상한 점이 없었습니다. 그동안 만났던 서양 선교사들은 1년 만에 만나든 2년 만에 만나든 그렇게 친한 사이가 아니면 그저 가벼운 인사만 나누고 스쳐 지나갑니다. 그렇기 때문에 가끔 서양 사역자를 만나면 '정'이라는 것이 안 느껴지는지도 모릅니다. 다니엘 선교사와 매년 그래왔듯이 여러 말 하지 않고 간단한 인사만 하고 헤어졌는데 평소와 다른 점을 발견한 것은 그 다음날이었습니다. 숙소를 배정받고 지나가다가 다니엘 선교사를 길에서 다시 만나게 되었습니다. 그런데 평소와 같지 않게 그분이 먼저 저에게 다가와서 말을 건네는 것이었습니다.

"아! 어제는 공항에서 미안했습니다. 아이 하나가 공항에서 보이지 않아 급하게 찾으러 가는 길이었습니다."

저는 처음에는 이해가 되지 않았습니다. '매년 그래왔는데 왜 새삼스럽게 어제 인사만 간단히 나눈 것에 대해서 설명을 하는 것일까?' 하고 생각했습니다. 평소에 늘 그랬듯이 아무렇지 않게 대해도 되는데 왜 이렇게 예의를 찾으려는 것이지? 하는 생각이 들었습니다. 아무튼 나이 있는 사역자가 용서를 구할 일도 아닌 것을 가지고 용서를 구하는데 저는 어찌 할 줄 모르고 "괜찮습니다."를 연발하며 그 어색한 자리를 떠났습니다. 그와 잠시 만나서 어제 일에 대한 변명을 들으며 기분이 묘한 것을 느꼈습니다. "한국인은 얼굴을 본 척 만 척하면 자존심이 상한다."는 말을 들었나? 그분이 왜 그렇게 행동했는지 이상했습니다. 또 그런 식으로 나에게 말을 하니 저는 '내가 속이 좁은 사람인가? 그래서 나에게 아무 일도 아닌 일을 가지고 용서를 구하는 것인가' 하는 생각도 들었습니다. 평소와는 다른 서양인의 모습에 약간은 당황스러웠습니다. 그것으로 끝이 났으면 그러려니 했을 텐데 그와 비슷한 일을 동일한 수련회에서 또 한 번 경험하게 되었습니다. 이번에는 '코리'라는 형제와 만나면서 평소와는 다른 점을 발견하게 되었습니다. '코리'라는 친구는 저와 나이 차이도 많이 나지 않았고 함께 1년 동안 같은 사역지에서 일했던 경험이 있던 터라 더 반갑게 이야기를 할 수 있었습니다. 아침 식사를 하기 위해서 식당에 갔다가 우연히 '코리'를 만났고 그와 간단한 이야기를 나누었습니다. 그저께 공항에서 다니엘이라는 선교사와 한 마디 인사한 것보다 훨씬 길게 이야기를 나누었습니다. 이야기가 마무리 될 즈음 '코리'라는 친구는 제 뒤에 걸어오는 자기의 리더를 보고 저에게 다음에 만나자는 말을 하고 그 리더를 만나러 갔습니다. 아무 이상이 없었습니다. 오히려 평소보다 더 진솔하고 길게 이야기를 했습니다. 그런데 그 다음날 그 친구의 이상한 행동을 보게 되었습니다. 그 역시 저를 먼저 찾아와 미안하다며 용서를 구했습니다. 도무지 이해할 수 없는 행동 이었습니다. 무엇을 제가 용서해 주어야 하는지 모를 일이었습니다. 그런데 이야기를 들어본 즉 어제 같이 이야기하다가 자기의 리더를 보고 저와 헤어진 것이 미안하다는 내용이었습니다. 그러니까 이 친구 생각에는 그가 나와 대화하는 도중 먼저 그 자리를 떠난 것이 나에 게 불쾌감을 주었을 수도 있겠다는 생각을 한 것입니다. 평소와는 다 른 이들의 모습이 이상하기만 했습니다. 서양인인데 서양식 사고와 행동에서 약간은 벗어난 행동으로 느껴졌습니다. 서양인인데 동양인 의 사고방식, 예의 등의 영역에 잠시 들어오려는 시도를 하는 것처럼 느껴졌습니다.

두 번의 아주 비슷한 경험을 통해서 한 가지 느낀 것은 최소한 미 국 사역자들은 한국 사역자들을 이해하려고 계속해서 노력한다는 점 입니다. 이들의 아주 어색한 태도들도 이런 노력의 결과라는 생각을 하게 됩니다. 처음에는 어색하지만 자꾸 하다 보면 언젠가는 한국 사 역자들을 지금보다 훨씬 더 많이 이해하게 될 것입니다. 중요한 것은 노력을 한다는 것입니다. '마크오' 선교사가 한국인들에게 "한국 사역 자들은 서양인들을 이해하고 다가가려는 노력을 멈추었다."라고 조 언을 해 주었는데 멈추는 것보다 서툴더라도 이해해 가려는 노력이 매우 중요하다고 생각합니다. 이러한 노력 이후에야 세계 곳곳에서 만나는 여러 나라 사역자들과 아름다운 하모니를 이루며 재미있고 효 과적인 사역이 가능해질 것입니다.

서양 사역자들이 한국 사역자를 이해하기 위해서는 앞으로도 노력 을 계속해야 하지만, 다른 동양 사람들을 이해하는 것은 더 쉬울 수도

```
                    의식편향

        동양적                  서구적
 ·—·—·—·—·—·—·—·—·—·—·—·—·—·
    한국, 중국, 일본   홍콩, 싱가포르   미국, 유럽

     동양적 특징                서구적 특징
      집단주의                   개인주의
       정적                      동적
    간접적 의사 표현        미래 지향적, 직설적 표현
   관계 중심(혈연, 지연)          실용주의
      체면 중시                 다문화주의
      단일 문화              문서화, 데이터화
      내향적                    외향적
```

있습니다. 다국적 팀 사역 속에서 동양인이면서도 가장 서양적인 사고를 하는 사람들이 있다면 그 사람들은 아마도 '싱가포르' 사람들일 것입니다. 다시 말하면 '싱가포르' 사람들은 '바나나'라 표현할 수 있습니다. 겉은 황색이지만 속은 흰색으로 서양화되었다는 뜻입니다. 그들은 사용하는 공용어도 영어이고 과거 영국의 지배를 받았던 역사도 있어서 사고가 다분히 서양적입니다. 싱가포르 다음으로 '홍콩' 사역자들도 서양 사역자들과 사역을 할 때 그나마 쉽고 빠르게 조화를 이룰 수 있는 특징을 가진 분들이라고 생각합니다.

세계화 시대, 국제화 시대, 다국적 사역자들과 사역해야 하고 협력해야 하는 시대에 우리는 살고 있습니다. 우리는 우리의 것만을 주장하고 고수할 수 없습니다. 국제 무대에 나가면 우리의 것을 지키되 국제무대에 통용되는 옷을 빨리빨리 갈아입어야 합니다. 세계 여러 나라 사람과 협력하기 위해서는 그것이 필요합니다. 우리는 서양적인

사고와 사역 방식을 익히는 데 노력을 해야 하고 그들을 이해하는 데도 힘을 써야 합니다. 서양 사역자들이 우리를 이해하며 먼저 다가오기 전에 우리가 먼저 그들을 이해하기 위해서 부단히 다가가는 노력을 해야 합니다. 그 노력들을 통해 한국 사역자들은 세계를 이끌어 가는 리더로 성장해 갈 것입니다.

20

소극적 자세

한국인은 긍정적인 사고보다는 부정적 사고에 익숙해 있다고 생각합니다. 한국 사람은 내성적인 사람들이 많습니다. 그렇기 때문에 대중 앞에서 의견 한 번 내려면 굉장히 큰 용기가 필요한 것 같습니다. 하지만 우리가 더 성장하기 위해서는 훈련시켜야 할 부분이라고 생각합니다.

소극적 자세

다국적 팀에서 토론이나 회의를 하게 되면 서양 사람들은 매우 적극적으로 참여를 합니다. 제가 만난 홍콩, 싱가포르 선교사들도 매우 적극적입니다. 한국 사람들은 소극적인 경향이 있습니다. 자매들의 경우는 더 소극적인 태도를 취합니다. 자유스러운 의사표현을 참 많이 어려워합니다. 이것은 각 개인의 성장 과정과 교육 환경의 영향이 크기 때문입니다. 가부장적인 가정 환경도 매우 큰 영향일 것입니다. 한국 사람들은 성장하면서 자유스러운 토론 문화에서 자라지 못했습니다. 학교에서 발표할 수 있는 기회가 있을 때도 거의 대부분 눈치를 보고 발표하기를 꺼립니다. 한국인은 무엇인가에 눌려 있는 듯합니다. 이규태 논설위원은 한국인이 소극적인 이유를 다음과 같이 설명합니다.

> 엄마와 함께 공원에 나온 한국 가족의 일반적인 생태를 보자. 엄마가 벤치에 앉으면 아이들은 그 벤치 둘레에, 보이지 않는 끄나풀로 매인 듯 어느 만큼의 한계 안에서만 논다. 엄마 곁에 얌전히 있는 것을 이상으로 삼고, 혹시 그 한계를 벗어 나는 일이 있

더라도 엄마의 눈치를 지각하며 제 발로 복귀한다. 곧 엄마를 중심으로 조그마한 원을 형성하며, 그 원 안에서 엄마의 위엄은 등등하다. 빨리 걸으면 천천히 걸어라 타이르고, 거칠게 굴면 비록 멀리에서라도 때리는 시늉과 눈흘김으로 제재한다. 에비, 맴매, 지지, 모든 제재용 어구사에 얽매이고 만다.[41]

한국인은 어려서부터 권위 아래 있어야 했고 그 속에서 제한된 범위를 넘는 것이 허용되지 못했습니다. 늘 엄마의 눈치를 보아야 하고 다른 사람들을 의식하며 자라 왔습니다. 그렇기 때문에 행동에 있어서도 소극적일 수밖에 없었습니다.

요즘은 '열린 교육'으로 '토론'이 없으면 수업 진행이 안 된다고 현직 선생님께서 말씀해 주셨는데 참 다행입니다. 1990년대 중반부터 시작되었다고 하는데 이런 분위기에서 자란 선교사가 다국적 팀과 사역을 하게 된다면 훨씬 더 즐겁게 회의하며 토론에 참여하게 될 것입니다.

그러나 아직까지 한국 사람들은 보통 여러 사람들 앞에서 자신의 의견을 잘 말하지 않거나 못합니다. 내 기억으로도 대학 수업 시간에 질문을 한 적이 별로 없습니다. 교수님 대부분이 유학의 경험이 있기 때문에 학생들에게 여러 가지 방법으로 질문을 유도하지만 굳게 닫힌 학생들의 입을 열기에는 힘겨워 보였습니다. 고등학생 시절이나 중학생 시절에는 대학생 때보다 더 질문이 없었습니다. 그저 선생님이 말씀하시는 것을 비판 없이 무조건 받아들이기에 익숙했던 것 같습니

---

41) 이규태, 「한국인의 의식구조 1」, 신원문화사, 1983, p390.

다. 최준식 교수는 『한국인에게 문화는 있는가』에서 "홉스테드는 집단주의 문화권에서는 함부로 자기 의견을 말할 수가 없는데 그 이유는 자기 의견이 그 집단을 대표하는 것인지 아닌지 모르기 때문에 어떤 자리든 혼자 마구 나설 수 없기 때문이다."라고 말했습니다

서양 사람들은 비교적 직선적인 대화 방식을 취합니다. 그렇기 때문에 한국인이 말하는 의견이 만약 틀리거나 방향에 어긋나는 경우에는 직접적으로 잘못된 이유를 지적합니다. '의견은 의견', '발표는 발표'이지만 한국 사람들은 자칫 자존심에 심각한 상처를 입을 수 있습니다. 그래서 하고 싶은 말이 있어도 상대방의 마음을 상하게 하지 않을까 하는 마음에 참는 경향이 있습니다. "가만히 있으면 중간이라도 간다."라는 말은 어쩌면 한국 사람들이 회의석상에서 침묵하게 만드는 이유가 아닐까 하는 생각이 듭니다. 또한 무언가 불완전한 질문을 하게 되면 참석한 다른 한국 선교사들의 따가운 눈총 또한 각오해야 합니다. 자신은 의견을 말하지 않으면서도 다른 한국 사람이 엉뚱한 질문을 하면 자신이 수치를 당하는 것 같은 감정을 갖는 경향이 있습니다. 회의 후에는 강도는 약할 수 있지만 비난이 따를 수도 있습니다.

다국적 팀 사역 속에서도 한국 선교사들은 회의나 공식 석상에서 자신의 의견을 발표하는 것을 상당히 망설입니다. 발표하기 전에 수십 번 생각을 하고 나서 겨우 발표를 합니다. 그리고 많은 경우 특정 주제에 대한 토론이 이미 한참 지난 이후에야 그 주제에 대한 생각이 정리되어 발표할 말이 생각납니다. 회의 석상에서는 이미 다른 주제로 넘어가 토의가 한참 진행 중입니다. 그렇기 때문에 회의가 끝난 이후에 한국 사람들은 할 말이 많은 것 같습니다.

또한 자신의 의견을 발표하기를 꺼리는 이유는 체면이 손상될 것을 염려하기 때문입니다. 한국인은 긍적적인 사고보다는 부정적 사고에 익숙해 있다고 생각합니다. 한국 사람은 내성적인 사람들이 많습니다. 그렇기 때문에 대중 앞에서 의견 한 번 내려면 굉장히 큰 용기가 필요한 것 같습니다. 하지만 우리가 더 성장하기 위해서는 훈련시켜야 할 부분이라고 생각합니다.

서양 선교사들은 대부분 발표를 잘하고 자신의 의견을 명확하게 말합니다. 서양 선교사들은 의견을 자연스럽게 잘 내어 놓을 뿐더러 같은 시간이 주어졌음에도 불구하고 수준 있는 내용이 들어 있는 경우가 많습니다. 아마도 토론 문화에서 자란 교육 배경 때문인 것 같습니다.

한편 자신의 의사를 표현하는 데 한국 선교사들이나 아시아권 사역자들이 수동적일 수밖에 없는 이유 중 가장 중요한 것은 바로 언어적인 것입니다. 보통 다국적 팀이 모여 사역을 한다면 영어로 회의가 진행될 가능성이 많습니다. 영어로 진행이 되면 한국 선교사들에게는 더욱 불리합니다. 통역이 있을지라도 이미 몇 박자 느리게 되고 서양식 언어표현은 통역을 들어도 이해하기가 힘든 경우가 있기 때문입니다. 하고 싶은 말이 많아도 '뒷북칠까' 두려워서 멈추는 경우가 많습니다.

다국적 선교사 모임에 가서 정말로 많이 느끼는 것은 한국 선교사들은 영어를 못하고 모두들 가만히 앉아 있다는 것입니다. 정말 안타깝습니다. 한국 사역자들은 본회의가 끝난 이후에 또 모여서 회의를 해야 하는 경우가 있습니다. 오늘 나왔던 안건들이 무엇이며 우리는 앞으로 어떻게 해야 하는지 등을 듣고 나누는 시간을 갖기도 합니다.

쉽게 자정을 넘기기도 합니다. 서양 선교사들이 볼 때 한국 사역자들은 밤늦게까지 회의를 하는, 아주 회의를 좋아하는 사람들로 보이기도 합니다.

21

전달력

성경을 중심으로 전달하는 것이 오해를 불
러일으키지 않는 가장 좋은 방법입니다. 성
경에 나온 이야기를 전해야 합니다. 문화가
다르고 자라 온 배경이 다르지만 성경 내
용에 충실하게 바탕을 둔다면 큰 갈등 없
이 메시지를 전달할 수 있습니다.

전달력

외국어 설교

뭐라 말해도 선교사들에게 중요한 것은 하나님의 말씀을 잘 증거하는 것입니다. 그런데 여러 나라 선교사들이 모인 자리에서 하나님의 말씀을 전한다는 것은 또 다른 도전일 수밖에 없습니다. 첫째는 모국어인 한국어로 전할 수 없다는 점이 어려움입니다. 제 살이 아닌 듯한 느낌의 외국어로 한국에서 그랬던 것처럼 힘 있고 능력 있게 말씀을 전하기란 여간 힘든 것이 아닙니다. 또한 언어구사의 완벽을 추구하는 성격의 사역자가 외국어로 말씀을 전할 때는 더 큰 어려움이 있습니다. 설교 중에 문법이라도 틀렸다 싶으면 긴장하게 되고 발음, 문장 구사 등등에서 죽을 쑤었다는 느낌을 쉽게 가질 수 있기 때문입니다. 외국어로 말씀을 전했는데 가끔 말씀을 전한 후에 사탄이 늘 저를 공격하는 것은 '설교가 그게 뭐냐? 발음이 뭐 그러냐? 문장이 아직도 초등학생 수준이지 않느냐? 라는 부정적 생각들입니다.

평소에 수식어를 자주 사용하는 사역자들은 외국어로 설교를 할 때 또 다른 어려움이 있습니다. '주어+목적어+동사' 식으로 말을 하면 어쩐지 말의 맛이 없는 것같이 느껴집니다. 경력이 적은 선교사는 다국적 팀이나 선교지 사람들에게 설교할 때 과도한 수식어 사용은 될 수 있는 대로 줄이는 것이 전달에 도움이 됩니다. 그리고 문법, 발음, 성조가 틀렸다고 하더라도 동요되지 않는 뻔뻔함이 필요합니다. 성인이 되어서 사역지에 나오면 아무리 시간이 많이 지나도 언어에 한계가 있게 마련입니다.

외국어 구사 단계	
1단계	단어 나열. 보디 랭귀지가 많다. 언어 배우기가 가장 재미있는 시기.
2단계	문법 체계가 안 잡힌 단계 – 단어, 동사, 목적어 혼용. 보디 랭귀지가 적다. 언어 배우는 데 스트레스가 많은 시기.
3단계	문법의 체계가 어느 정도 잡혀 가며 형용사나 수식어를 사용함. 현지 언어 성장이 가장 빠른 시기. 일상생활 하는 데 불편함이 점점 줄어든다. 간단한 성경공부 인도, 짧은 설교, 전도가 가능.
4단계	일정 수준 이상의 언어 구사 수준이 가능한 시기. 말하기 쓰기보다 듣기가 월등히 성장하는 시기. 때때로 언어를 배우는 의욕이 감소될 수도 있는 시기.
5단계	원어민이라는 칭찬을 들을 수 있으나 또한 언어 진보의 한계를 느끼는 시기. 자칫 잘못된 억양, 발음이 굳어질 수도 있으므로 고급언어로 성장시켜야 하는 시기.

5단계에 이른 선교사들은 어쩌면 언어에 대한 교만한 마음 때문에 더 이상 발전하려는 노력을 포기하는 것 같습니다. 사실 이때부터가 더 열심히 언어 실력을 쌓아야 하는 시기입니다. 선교지에서 선교 경

력이 20년 되신 미국 선교사님을 만났는데 놀랍게도 선교지 언어 구사 능력이 초임 선교사와 별 차이가 없었습니다. 그는 스스로 말하기를 "자신이 선교지에 온 지 4년째 됐을 때 언어실력이 가장 좋았었다."라고 말했습니다. 허버트 케인은 어느 정도 경력이 있는 선교사들도 포기하지 말고 더욱 열심히 언어를 배워야 한다고 말합니다.

선교사들이 지닌 한 가지 문제는 그들이 한정된 단어들에 만족하려는 경향이 있다는 것이다. 5~6년간 정규 언어를 공부하고 나면 좀 더 진보하는 것에 대한 관심을 끊어 버린다. 그들은 일을 어느 정도 성공적으로 할 수 있게 해 줄 만큼의 언어는 충분히 한다. 그들은 언어 동화 작용은 대부분의 사람들에게 평생 동안의 과정이라는 것을 잊어버리고, 신학적인 단어라고 불릴 수 있는 것 정도에서 끝나고 만다. 그것 가지고는 가르치고 설교하는 데는 훌륭한 것이 되겠지만 학생들과, 또는 다른 지성인들과 일반적으로 말하는 데에는 대체로 부족하다. 참으로 능숙한 선교사가 되기 위해서는 언어를 쓰고 말할 수 있어야 한다. 중국 한자 쓰기를 배운 중국 선교사들은 그리 많지 않다. 한자는 너무 어렵고 복잡하다. 그 선교사들은 시험 볼 때 로마자화한 형태로 쓴다. 예를 들어 중국 한자의 소리를 나타내기 위해 영어 알파벳을 사용하는 것이다. 한자 편지를 꼭 써야 할 때는 교사들에게 대신해 달라고 부탁한다. 중국인 동료들은 어려운 한자를 통달하기 위해 노력했던 소수의 선교사들을 크게 고마워했다.[42]

---

42) 허버트 케인, 백인숙 역, 「선교사의 생활과 사역」, 두란노 서원, 1986, pp186-187.

문화 배경 이해

문화 배경의 차이는 메시지를 전달하는 사람이나 받는 사람에게 오해를 불러일으킬 수도 있습니다. 한국에서는 음란물에 빨간색으로 표시를 합니다. 그러나 중국은 노란색 책, 노란색 홈페이지가 음란물을 나타냅니다. 전달자와 받는 사람 사이에 오해가 생길 수 있습니다. "여러분 노란색 소책자 읽었어요?"라고 말한다면 '전도 소책자'를 읽었느냐고 묻는 질문이라고 한국의 사역자들은 생각할 수 있지만 중국의 사역자들은 이해하는 데 어려움이 있을 수 있습니다. 이것은 극히 일부의 예에 불과합니다. 많은 문화적 차이점이 있습니다.

예화 선택에 신중을 기하자

Q국에서 모 선교사가 설교 중간에 Q국 경제에 대해 약간 부정적인 이야기를 하였습니다. 그것도 몇 주에 걸쳐서 하였습니다. 믿음이 약한 현지 자매 한 명이 "왜? 외국인이 Q국인 우리 나라에 와서 경제에 대한 부정적인 이야기를 하느냐?" 하며 반발심을 갖게 되었고 결국 그 예배에 나오지 않게 되었습니다. 여기서 하나의 결론을 얻을 수 있습니다. 전달할 때 효과를 거두기 위해서 사용한 예가 오히려 역효과를 불러일으켰다는 사실입니다. 그렇기 때문에 성경을 중심으로 전달하는 것이 오해를 불러일으키지 않는 가장 좋은 방법입니다. 성경에 나온 이야기를 전해야 합니다. 문화가 다르고 자라 온 배경이 다르지만 성경 내용에 충실하게 바탕을 둔다면 큰 갈등 없이 메시지를 전달할 수 있습니다.

감사한 것은 더듬더듬하며 메시지를 전하는 외국 사람의 메시지를 듣고도 다국적 선교사들은 은혜를 받는다는 것입니다. 메시지 전달은 언어뿐만 아니라 마음이 전달되는 과정이기 때문에 부족한 언어로도 성경 말씀과 하나님을 전할 수 있습니다.

다국적 팀 사역일수록 자주 말씀을 나누려는 자세가 필요합니다. 말씀에 최종 권위가 있으며, 또한 동일한 말씀을 통해 한마음을 가질 수 있기 때문입니다.

22

개인적인 일

한국에서는 사역과 일이 가정사보다 우선
되는 것 같습니다. 개인적인 사정이 거의
받아들여지지 않는 분위기인 것 같습니다.
그러나 국제 팀에서는 개인적인 사정을 충
분히 고려해 주어야 합니다. 자라 온 배경
이 개인을 중시하는 나라에서 온 선교사라
면 더욱 신경을 써 주어야 합니다.

개인적인 일

제가 속해 있던 다국적 팀이 사역이 잘되고 있는 다른 지역 다국적 팀을 방문하게 되었습니다. 그 지역 미국 선교사는 팀원 한 사람에게 우리 팀 중 한 팀을 안내해 줄 것을 부탁했는데 놀랄 만한 대답을 듣게 되었습니다. 그 팀원이 "빨래가 밀려 할 수 없습니다."라고 말했던 것입니다. 그런데 더 놀라운 반응을 보게 되었습니다. 미국인 팀 리더는 충분히 공감하는 표정으로 수긍해 주더니 다른 선교사에게 안내를 부탁한 것입니다. 개인적인 일이 충분히 고려가 되는 분위기였습니다. 그러나 한국 사역자 리더는 개인 혹은 가정사를 리더가 배려하지 않는 것 같습니다. 어떤 선교사가 아내의 출산일이 가까워서 제3국에서 열리는 국제 선교사 수련회에 불참해도 될지를 리더에게 물었다고 합니다. 그 한국 리더는 "참석하십시오."라고 말했다고 합니다. 수련회 기간이 아내의 출산 예정일인데 가야 하냐고 재차 묻는 팀원에게 "그렇습니다."라고 말했다고 합니다. 그 선교사는 제3국에서 열리는 수련회 이후 아내가 출산할 수 있도록 간절히 기도하는 마음으로 수련회에 참석을 했다고 합니다. 그러나 산모는 예정대로 수련회 중에 아기를 출산하게 되었고 남자 선교사는 부랴부랴 짐을 싸고 비행기표

시간을 바꿔 한국으로 귀국하게 되었습니다. 아내는 남편 없이 아이를 낳게 되었고 한국인 팀 리더에게는 미안하다는 말 한마디 듣지 못했다고 합니다.

이처럼 한국에서는 사역과 일이 가정사보다 우선되는 것 같습니다. 개인적인 사정이 거의 받아들여지지 않는 분위기인 것 같습니다. 그러나 국제 팀에서는 개인적인 사정을 충분히 고려해 주어야 합니다. 자라 온 배경이 개인을 중시하는 나라에서 온 선교사라면 더욱 신경을 써 주어야 합니다.

23

저작권

서양 선교사들은 저작권 문제에 대해서 상당히 민감했습니다. 어떤 프로그램도 불법으로 사용하지 않으려고 노력했습니다. 사역을 위해 공통으로 사용하는 프로그램 외에 그들 사적으로 이용하는 모든 컴퓨터 프로그램에도 정품을 사용하고자 상당히 노력하는 것을 보았습니다.

저작권

다국적 선교사들에게는 배울 점이 많이 있는데 그 중의 한 가지가 바로 컴퓨터 소프트웨어에 대한 저작권 의식이 매우 강하다는 점입니다. 선교지에서 사역을 하는 가운데 소프트웨어 사용료를 매년 지불하였습니다. 보안을 위한 프로그램 사용료, 파일을 안전하게 보관하는 프로그램 사용료, 재정관리 프로그램 사용료 등등 매년 개인적으로 지불해야 하는 프로그램 사용료가 약 20만 원 이상이었습니다. 사용했던 프로그램 중에는 쉽게 복사해서 쓸 수 있는 것들도 있었는데 다국적 팀의 어느 누구도 불법 복제를 달가워하지 않았습니다. 저작권에 대한 의식을 잠깐만 접어 두면 재정 부담을 줄일 수 있으리라는 유혹이 있었던 것도 사실입니다. 그리고 한 사람에게는 몇십만 원이지만 팀 전체적으로 볼 때는 상당한 액수의 재정을 매년 프로그램 사용료로 지불해야 한다는 부담감도 있었습니다.

서양 선교사들은 저작권 문제에 대해서 상당히 민감했습니다. 어떤 프로그램도 불법으로 사용하지 않으려고 노력했습니다. 사역을 위해 공통으로 사용하는 프로그램 외에 그들 사적으로 이용하는 모든 컴퓨터 프로그램에도 정품을 사용하고자 상당히 노력하는 것을 보았습니다.

그러나 한국 선교사들 컴퓨터에 있는 상당수의 프로그램들이 정상적인 유통 과정을 통해 깔려 있는지에 대해서는 확신이 없습니다. 저작권에 대한 의식도 약하고, 많은 사람들이 복제품을 사용하는 문화에서 정품만을 고집한다는 것은 어쩌면 거의 불가능한 일인지도 모릅니다. 그러나 지금부터라도 선교사를 비롯한 한국 기독교인들이 저작권에 대한 바른 의식을 가져야 한다고 생각합니다.

저작권 보호대상 항목별 가이드

소프트웨어 가이드

01 정품 소프트웨어 하나를 여러 대의 컴퓨터에 설치한 경우

정품 소프트웨어 하나를 구입해 여러 대의 컴퓨터에 설치하거나, 소프트웨어 약정서에서 허용하지 않는 범위를 넘어 설치하는 것은 불법 행위입니다.

02 컴퓨터 판매자로부터 받은 무상 소프트웨어 서비스

보통, 컴퓨터를(수로 조립 PC의 경우) 구입할 때 판매처에서 무상으로 소프트웨어를 서비스해 주는 경우가 있습니다. 하지만, 소프트웨어가 OEM버전(주로 노트북 또는 메이커 PC를 구매할 때 따라오는 소프트웨어를 지칭하며, 보통 설치된 PC 이외에서는 사용이 제한되어 있음)이라는 인증 없이 소비자에게 인도된 경우, 설치된 소프트웨어는 불법일 가능성이 많습니다. 컴퓨터 판매자로부터 받은 무상 소프트웨어인 경우 정식 사용이 가능한 소프트웨어인지 확인(예: 시리

얼 번호 확인 등)하고 사용해야 합니다.

03 지금 사용하지 않는 불법 소프트웨어를 삭제하지 않는 경우

복사는 안 됩니다. 현재는 사용하지 않는 불법 소프트웨어 프로그램이라 할지라도 과거에 이것을 설치하여 사용하였다면, 그것 역시 컴퓨터 프로그램 보호법에서 불법으로 간주합니다.

04 개인 소유 컴퓨터를 교회업무용으로 교회에서 사용하는 경우

컴퓨터의 소유 여부와 상관없이 교회에서 사용하고 있다면, 정품 소프트웨어를 설치해 사용해야 합니다.

05 개인용으로 허락된 정품 소프트웨어를 교회에서 사용할 경우

프로그램 저작권자가 개인용 또는 가정에서만 사용하도록 허락한 소프트웨어를 교회나 회사에서 사용해서는 안 됩니다. 이것은 저작물의 사용 방법 목적 등 저작권자의 고유 권리를 침해하는 것입니다.

06 프리웨어 소프트웨어를 사용할 경우

프리웨어는 일부 제약이 있기도 하지만 누구나 무료로 사용해도 좋다고 허락한 소프트웨어입니다. 하지만 이것은 보통 개인 목적이나 가정 내에서만 사용하도록 제한되어 있는 경우가 많습니다. 따라서 개인용으로만 사용하도록 제한되어 있는 프리웨어 소프트웨어를 교회에서 사용했을 경우 문제가 될 수 있습니다. 그러나 최근에는 제한 없이 사용이 가능한 프리웨어, 오픈 소스 프로그램들이 많아지고 있습니다.

07 정품 프로그램 분실 후 백업 프로그램 사용

컴퓨터 프로그램 보호법 14조에는 "정품 프로그램을 멸실, 훼손, 변질이 아닌 '도난 분실'의 경우, 이전에 보관용으로 백업해 둔 프로그램을 사용할 경우에도 불법복제 행위로 보고 있다."라고 규정하고 있습니다. 따라서 정품 소프트웨어를 분실하지 않도록 노력해야 합니다.

08 정품 사용을 증빙할 수 있는 자료를 일체 분실

정품을 사용한다 할지라도 그것을 증명할 어떠한 자료도 없다면 불법복제 사용자로 간주될 수 있습니다. 이 경우, 단순히 정품을 증빙할 몇 가지 자료를 분실하였다는 이유만으로 불법이라 하지는 않습니다. 다만 여러 증명원을 통해서도 정품 사용을 증명받을 수 없을 경우는 불법 사용으로 봅니다. 따라서, 평소에 세금 계산서, CD 케이스, 판매처 연락처 등을 잘 관리해야 합니다.[43]

---

43) 편집: 조제호, 배은경, 발행인: 김동호 외 4명, 「교회 저작권은 생활입니다」, 2007. 교회신뢰회복 네트워크(사) 기독교윤리실천운동. 기독교윤리실천운동에 2008년 7월 11일 인용 허락을 득함.

맺는 말

지금까지 저는 Q국 선교지에서 다국적 선교사들과 선교하면서 경험했던 것들을 나누었습니다. 선교지 곳곳에는 한국 선교사들이 이루어 낸 엄청난 사역의 결과들이 있습니다. 이것에 안주하지 않고 이제 더 큰 선교 사역을 감당하기 위해서는 다국적 선교사들과 협력하는 것이 중요하다고 생각합니다. 장차 그 언젠가 한국 선교사들이 국제적 리더십을 곳곳에서 발휘하게 될 날이 오리라 생각합니다. 그러기 위해서는 준비가 필요한데 먼저는 다른 나라 선교사들을 이해하고 나 자신, 한국인의 독특한 성향을 이해하는 것이 중요하다고 생각합니다. 우리 것 중에서 좋은 것은 취하고 나쁜 것은 버리며 외국 것 중에서도 취사 선택하여 창조적으로 통합하려는 자세를 갖는다면 한국 선교는 세계 선교사에 분명 큰 영향력을 끼치게 될 것입니다.

아무쪼록 이 글들이 바탕이 되어 세계 곳곳의 선교지에서 국제적 리더십을 발휘하는 선교사들이 많이 일어서길 소망합니다.